如何度过你的大学生活

——来自老师的十封书信

RUHE DUGUO NIDE DAXUE SHENGHUO
-LAIZI LAOSHI DE SHIFENG SHUXIN

主　编◎刘　洁

副主编◎陈佩华

撰稿人◎（以撰写内容先后为序）

　　　　陈佩华　王吉梅　谢　锋

　　　　陈　昊　刘　洁　李运兰

　　　　袁国玲　聂杜娟　叶穗冰

中国政法大学出版社

2024·北京

图书在版编目（ＣＩＰ）数据

如何度过你的大学生活：来自老师的十封书信/刘洁主编. —北京：中国政法大学出版社，2024.4

ISBN 978-7-5764-1463-9

Ⅰ．①如… Ⅱ．①刘… Ⅲ．①大学生－学生生活 Ⅳ．①G645.5

中国国家版本馆CIP数据核字(2024)第083471号

出　版　者	中国政法大学出版社	
地　　　址	北京市海淀区西土城路 25 号	
邮　　　箱	fadapress@163.com	
网　　　址	http://www.cuplpress.com (网络实名：中国政法大学出版社)	
电　　　话	010-58908435(第一编辑部) 58908334(邮购部)	
承　　　印	固安华明印业有限公司	
开　　　本	720mm×960mm　1/16	
印　　　张	15	
字　　　数	210 千字	
版　　　次	2024 年 4 月第 1 版	
印　　　次	2024 年 4 月第 1 次印刷	
印　　　数	1～3000 册	
定　　　价	56.00 元	

前　言

　　大学生活充满朝气与梦想，大学时代是青年人成长的关键时期。他们风华正茂，乐观自信，有天下舍我其谁的豪迈气概，但也因涉世不深，世界观、人生观正处在形成的关键时期，自我认知与客观现实有较大的差距。常常会因为现实与理想的冲突而感到痛苦和困惑，甚至会产生偏激的思想认识，如果不能及时对他们进行正确的引导，就会对其人生观、世界观的形成产生消极的影响。大学生在入学之初，往往因为不能处理好学习、学校管理、未来发展方向等问题，常感迷茫和苦恼。

　　我们编写此书的目的，在于全面贯彻落实习近平总书记在全国教育大会、学校思想政治理论课教师座谈会上重要讲话的精神，把立德树人融入思想道德教育、文化知识教育和社会实践教育的各个环节。针对大学生在校园生活中面临的种种问题，运用马克思主义的世界观、方法论，进行合情、合理、合乎党的路线、方针政策的积极、正面的分析，不回避问题，不掩盖矛盾，用真诚与事实去化解他们成长中的疑问与困惑，引导其形成积极、进取、乐观、向上的科学人生观和世界观。编写过程中，编者兼顾到作为大学生成长过程中带有共性的问题，以全面提升其思想政治素质、业务能力、职业道德水准，为国家建设事业提供强有力的人才支持。

　　本书从内容上看，是思想道德与法治课课堂教学的课外延伸，把课堂教学中无法展开的问题，在十辑信中讲深、讲透；从形式上看，本书采用书信的文体，用第一人称、第二人称谈话的形式，针对学生在大学生活中遇到的问题和困惑，用亲切通俗的语言娓娓道来，力争让思想政治教育成为有温度的教育。

参加本书编写的作者都是来自思想政治理论课教学的一线教师，有较为深厚的思想政治理论功底和丰富的教学经验。相信这本读物能成为大学生的良师益友。

编者
2024 年 2 月

目 录
Contents

第一辑 如何适应大学生活

第二辑 谈谈大学生的未来发展规划

第三辑 谈谈警务化管理

如何适应大学生活

第一封信 "良好的开端是成功的一半"

令之:

你好!

很高兴认识你!你们这一级的新生一共有近两千人,你是我认识的第一个新生。感觉我们俩真有缘啊!

我第一次见你的那天,九月毒辣的太阳高挂在空中,我打着遮阳伞去学校教工饭堂吃午饭。快到饭堂门口时,突然被慌慌张张的你撞了个满怀,你手上端着的饭菜连着汤汁撒在了我穿着的制服上。满脸通红的你,忙不迭地向我道歉,还说要给我洗干净制服……就这样,这个"小事故"让我认识了你——在你们新生入学的第四天。

在随后的几次交谈里,你跟我说了一些你入学以来的困惑。我看得出来,目前的你有些不适应,有些焦虑、苦恼。考虑到你最近生活、学习、训练等任务多,没有太多的闲暇时间可以进行长谈。于是我就写下这封信,想和你聊聊你的这些困惑,同时分享我作为老师从教20多年来在这些方面的一些看法和经验,给你提供一些建议与参考。

你说,你来我们学校报到之前,对大学生活有许多的期待、设想,可进入大学后,发现情况完全不是想象中的那样,想不到大学生活会是今天这样子的。你还说,你特别想家,有时在警训时,在听报告时,会走神,想起家里的亲人,想起以前的老师和同学,心几乎都飞回家了。

令之,你的这种思乡之情,我特别能理解。想当年我读大学,和现在的你一样，是第一次出远门，远离家人、远离家乡；和你一样，是第一次住集体宿舍；和你一样，因为想家，我也偷偷地抹过眼泪。那种对亲人深深的思念之情，至今依然无法忘怀。

你一定想问，为什么会这样？

你听说过"一年级现象"吗？据心理学家的研究显示，在初一、高一和大一，从小学到中学，中学到大学，在学习、生活、心理、社会交往等多方面的变化很大，由于要适应新的环境和给自己重新定位，很多学生会出现不同程度的心理不适，这种现象被称为"一年级现象"。

刚刚进入大学的这段时间，被称为"大一新生适应期"。从中学时代走进大学时代，告别自己原来熟悉的生活环境，迈进大学校门，面临一个几乎全新的世界，无论是生活环境还是学习方法，无论是个人发展还是社会交往，都发生了巨大的变化。在充满许多不确定性的新环境、新生活里，总有些和过去不一样的地方需要去适应。就如同植物从一处移往另一处，需要时间慢慢适应新的环境；动物园出生的老虎，也可能无法适应野外恶劣的生存环境。因而，当我们因为环境发生变化而产生一些不适应时，不必太过于紧张，因为这是非常常见的。著名的心理学家皮亚杰说过"智慧的本质是适应"，还有闻名遐迩的生物学家达尔文提出了"物竞天择，适者生存"的观点。从一定意义上说，成长的本质便是适应。

"大一新生适应期"是大学生成长、成才过程中不可缺少的重要时期。在进入我们学校就读之前，许多同学对大学充满憧憬和好奇，对大学的真实生活认知不多，对警校的了解就更少，往往凭想象把大学生活描绘得过于理想化，甚至怀有不切实际的幻想和过高的期望。而踏进大学后，发现理想跟现实存在差距，自己不能够很好地调整，就容易出现各种不适应心理。那么，如何克服这些不适呢？我的看法是，心态的调整与转变应当放在第一位。

首先，要克服"回归心理"，有意识地把过去"归零"。大学新生的"回归心理"，是指其迷恋过去、渴望回到过去生活、逃避当下、不肯面对现实生活的心态。我们学校有些新生在初入大学时，由于生活方式、生活环境发生了很大的变化，加上远离家乡、亲友和同伴，离开了生活多年的熟悉环境，一遇到困难或挫折，一遇到和过去不一样的地方需要去适应，一想到诸多的生活不确定性，再加上被严格的警务化管理压得有点透不过气时，就会不由自主地思念亲友、追忆过去，想回归到过去的生活，企图逃避现实，不愿意面对生活上的新变化。

"回归心理"是大学新生常有的心理状态，特别是对于第一次离家的年轻人来说，在对新环境适应之前留恋过去的美好，极为常见。一般来说，大部分新生随着对大学环境的了解、熟悉以及内在自我调节，经过十几天至一个月的时间便能基本适应大学生活。

但是，如果不能尽快地熟悉和适应新环境，长期处于怀旧、恋旧的"回归"心理状态中，就会渐渐滋生心理冲突，甚至出现心理抗拒，会更难融入新的环境，从而影响正常的生活和学习，加重心理压力。据相关调查显示，有42%的新生因想念家人和原来的老师、学友，而导致内心的孤独与压抑。若较长时间处在焦虑、烦躁的心境之中而无法自拔，就容易产生一些心理疾病。

兮之，任何人在面对新环境时都有一个适应过程。作为刚刚升入大学的新生，要尽快适应新环境，克服"回归心理"，以积极的态度去努力适应新环境，这对大学新生来说尤为重要。要告诉自己，每个人终究要长大，离开父母的怀抱，勇敢去追寻新生活。相信自己经过锻炼会拥有独立生活的能力，在大学阶段完成从孩子到成人的转变。如果你想家了，就给父母打电话发微信，向他们谈谈你的感受和想法。听到父母熟悉的声音，看到家人的视频，会是一种很好的安慰。父母只是没有陪在你身边，但是他们会永远支持你，家也永远是最好的港湾。完成这样的告别过程后，你会发现你变得更坚强。因此，进入大学新环境时，需要学会及时归零。不困于过去，不恐于当下，不惮于未来，及时调整自己的状态。

其次，防止出现失落心理，坦然接受当下。兮之，记得你曾经如此表述自己的心路历程："刚接到我们学校的录取通知书时，感觉良好，满怀希望；一踏进校门发现校园不大，条件不是很好，有些失望；军训一个月后累得要命，感觉糟糕，彻底绝望。"我认为，你入学后出现情绪波动，有失落的感受，和你之前对高校生活有过高期望、不符实际的幻想是密切相关的。失落心理是一种对自己某种行为后果或境遇与预期相差甚远而感到失望的一种消极心态。当我们把大学生活想象得过于浪漫、过分理想化时，或者对自己高考成绩不够满意，入学后感到所考取的大学并非期望的大学，所录取的专业并非渴望的专业时，就会出现心理落差，困惑、迷惘、烦恼……产生失望、低落的情绪。

那么，怎样才能走出失落呢？最重要的是保持好心态，坦然接受当下。既然无法改变现实，我们能做的就是摆好心态，既来之则安之，用心去体验新生活，慢慢就会发现，一切好像没那么糟，甚至还能发现新生活新环境的许多闪光点，不再失落。同时，还要尽快熟悉校园环境。人在完全陌生的环境中总会感觉不自在，而一旦对生活环境掌握得越多、越熟悉，就会越有控制感和安全感。因此，进入大学后，不要总是宅在宿舍，多出去走走，把校园的东南西北包括各个角落都走一遍，了解学校的宿舍区、饮食区、教学区、办公区、运动区、图书区等基本情况，抽空还可以去其他校区看看。熟悉之后，还可以将范围逐步扩大至整个市区。越快掌握新环境的布局与特点，就能更加充分地利用各种校园资源乃至社会资源，就会越早步入大学新生活正轨，成为新生活的主人。

第三，克服茫然心理，尽早谋划大学新生活。今之，你应该对高中三年的紧张生活节奏终生难忘吧？学生在中学阶段的奋斗目标非常明确，那就是一切围绕高考而努力拼搏，生活有追求，努力有方向，每天感到高度紧张却又很充实。高中三年的拼搏造成相当多的学生身心能量透支，高考后学生们极易产生一种满足感和松懈感。进大学后，部分同学的人生新目标暂未明确，出现目标缺失和理想真空，即处于"目标真空期"，缺乏前进的方向感，产生"没有目标的苦恼"。同时，高考后心理紧张系统的解除，导致入大学后前进的动力减退，提不起精神等。再加上大学生活相比中学是比较自由的，如不善于自主安排，无所适从，不知自己该干什么、干什么好，被动地跟着学校的安排去学习、训练与活动，课余百无聊赖，则焦虑、茫然的感觉会比较强烈。

那么，如何才能走出茫然呢？兮之，你也知道，人生要有目标，有目标才有希望，有希望才有动力，有动力才有行动。为此，就要谋划好自己的大学生活。给自己独处的时间，好好想一想自己究竟想要的是什么，参考其他人的意见，比如师兄师姐们对未来道路的规划，了解就业方向或者咨询老师的意见等，帮助自己更好地确定发展目标。有了目标，再制订与之相适应的规划，将大学毕业目标纵向细化为学年目标、学期目标、月目标、周目标等阶段性目标，以及各阶段横向细化出不同的子目标，如课程学习目标、深造目标、课外阅读目标、警务训练目标、内务整理目标、社团工作目标、人际交往目标、体育锻炼目标、特长发展目标、心理磨练目标、思想进步目标，等等。然后，按照规划与目标，进一步合理安排学习、生活节奏，把最重要的事情放在精力最旺盛的时间里做，处理日程生活琐事则尽量利用琐碎的时间，将自己在课内的学习以及课外的实践、生活安排得有条不紊，充分有效地利用时间，使大学生活更充实、有序、高效，尽快摆脱迷茫状态，度过大学新生"目标真空期"。

第四，克服自卑心理，悦纳自己。听说过著名的新东方教育集团创始人俞敏洪年轻时的经历吗？他读大学时就曾经受到自卑心理的困扰。在做客央视读书类节目《朗读者》时，俞敏洪谈到大学时代关于读书的一件"糗事"。那时他刚从小地方的乡下来到北大，"发现自己什么书都没读过"。进宿舍的第二天，看见舍友正在读一本书《第三帝国的兴亡》。他就问道："在大学还要读这种书？"舍友听了，"把书从眼睛前拿下来"，白了他一眼，压根就没理他。这位同学的一个白眼，就让俞敏洪长时间地陷入自卑等消极心理中。多少年后，对于这段经历，俞敏洪依旧刻骨铭心。人们常说，自卑是成功路上的绊脚石。好在俞敏洪后来通过自己的不懈努力，慢慢消除了自卑心理，最后取得了事业上的巨大成功。

那么，如何才能远离自卑的困扰呢？首先是要改变认知。要肯定自己的价值：每个人都是世界上独一无二的个体，"我"之所以是"我"，是因为"我"是独特的，不会因为"我"有短板而不是"我"。每个人的存在，都是有价值的，"我存在，故我有价值！"每一种特质都是个人独有的。大学新生在适应阶段要正确看待自己，悦纳自己，相信自己的能力，同时也要适当降低对自己的期待值，接受自己存在短板，接受"不完美"的自己，避免只看到自己的不足、缺点而忽视了长处和优点，或只看到自己的长处、优点而掩盖了不足和缺点。另外，在大学，学习成绩并不是评判一个人的唯一标准，所以要从不同角度审视自己，要坦然面对自己某些方面不如别人的现实，解开束缚自己精神的绳索。善于挖掘和发展自己的优势，以积极乐观的心态投入大学生活，从中获取丰富多彩的人生感受。

最后，常常对自己做积极的心理暗示，就是通过内部语言、表情、身体语言、信念、预期等对自己的心理活动和行为施加积极影响，按所暗示的方式去活动。这是一种非常有效的心理调适方法。在入大学初期的适应过程中，新生时常要面对各种陌生的人物、场景、事情、关系等，因此，要学会运用自我积极暗示法，在紧张而不自信的时候，心中默念："我可以，我一定能行！"在遇到挫折、失意时，可告诉自己："这次不太好，下次努力就不会这样了"。学会正确运用积极暗示，可充分调动一切有利于完成各项任务的潜在身心资源，使自己用更加积极的心态面对困难与挑战，而且有利于增强自信心和成就感，为顺利适应大学生活奠定积极的心理基础。

以上就是新生最常出现的几种心理困扰。一般来说，大部分新生随着对大学环境的了解、熟悉以及自我调节，过一段时间便能基本适应大学生活。不过，总之，如果你发现自己或是身边个别同学实在无法适应新环境，不必回避问题所在，而应该主动寻求帮助，及时和同学、老师、家长沟通交流。切忌任由自己沉浸在消极的情绪中不能自拔，严重影响自己的大学生活和学习。

　　兮之，大学新生要更好适应大学新生活，不仅要防止自己出现心理困惑，更要主动地做好自我心理调适，培养自己形成良好的心理素质。英国作家狄更斯曾经说过："良好的心态，比一百种智慧更有力量。"积极的心态，不仅有益于身心健康，还可以充分开发人的潜能和创造性，使生活出现新的转机。因此，要客观全面地认识自我、理性评价环境，乐观面对不足与困难，既不盲目自傲，也不妄自菲薄。

　　"唯一可以确定的是，明天会使我们所有人大吃一惊。"这是杰出的未来学家托夫勒说过的一句名言。他在《未来的冲击》一书中明确指出："变化如雪崩一般降临到每个人头上，人们惊呆了，根本来不及做好准备。"这些情况对于大学新生亦如此。迈进大学后的诸多新的变化，会给人以一定的紧张不安以及由此带来一定的压力与焦虑。所以，在感到难过时，兮之，你不用觉得难为情，因为这是人之常情，想哭就尽情哭，流露真实想法，把自己的情绪发泄出来。你也可以来找我聊聊，我跟你讲讲我是怎么度过大学适应期的。

　　信的最后，我想与你分享伟大哲学家柏拉图的一句名言："良好的开端，等于成功的一半。"兮之，踏入大学校门后，但愿你和同学们能有意识地体察自己可能出现的不适应性问题，以积极的心态看待新变化，有意识地克服消极情绪，积极主动地调适心理，有更多的自我接纳，不抱怨，不逃避，更好更快地适应新环境和新生活，在大学的海洋里尽情遨游！

　　此致
生活愉快！

　　　　　　　　　　　　　　　　　　　你的大朋友：陈佩华老师

第二封信 "我的大学我做主"

兮之：

    你好!

    没想到第三天就收到了你的来信。你说，读了我的信，对自己的心理状态进行了一些分析与思考，有意识地调节自己的情绪，这两天感觉舒坦了许多，没有这么焦虑了，也再没有想逃离学校回家的念头了。

    对此，我感到很欣慰。我希望你能够尽快步入大学生活正轨，朝着自己的理想与目标前进。

    你说，很希望我能多跟你聊聊大学生活的注意事项，多谈谈大学生活如何才能更充实、更精彩、更有意义。看得出来，你是一个非常有上进心的同学。

    综合这么多年对大一新生的观察、分析，我认为，新生最先要具备的能力，是培养自己具备自立人格，具有自立意识。如果一入大学就能有意识地从心理、生活、学习等方面培养自身的独立意识与能力，将会为以后大学生活乃至步入社会打下良好的基础。

    兮之，你也知道，有些90、00后大学生，过惯了衣食无忧的娇宠生活，而一旦离开父母来到大学，无法适应独立自主的生活环境，在学业、人际、情感等各个方面出现了种种问题，成长和发展令人担忧。兮之，你也是独生子女，你应该从各种渠道听说过，甚至身边就有类似这样的现象吧？媒体上曾经报道过这样一件事：一位高考生以全县第一的成绩如愿以偿迈进了北京某知名高校，但由于不会打理自己的生活，备受打饭、洗衣、铺床叠被、整理内务等生活自理方面的困扰，难于独立，结果不得不申请停学回家。很明显，这个事例中的主人公，是个依赖性特别强的学生，缺失自立意识和独立生活能力。

怎么样才算是具备自立意识呢？那就要从自己过去依赖的事物中独立出来，自己行动、自己做主、自己判断，对自己的承诺和行为负起责任的意识。也就是说，在学习、工作、心理、社会交往等各方面有自己独特的思想、独立处理问题或事件的行为能力以及生活上的独立、自立意识。自立意识内含着自主、自助、自尊、自重、自信、自律、自励、自强。自立意识是具备自立能力的开端，也是锻铸一个人自立能力的基石。

有人说，自立，是做人最大的底气。我很认可这个观点。法国作家雨果曾说过："我宁愿靠自己的力量，打开我的前途，而不愿求有力者的垂青。"大学生要树立自立意识，就是树立依靠自己而不靠别人、自己对自己负责、自己承担责任、把命运牢牢掌握在自己手里的观念；就是在心理、行为以及人际交往等方面都具备一定的独立性，激发出积极参与社会、切实履行责任的潜在动力，进而不断地认识和提升自我，最终形成自立自强的人格品质，成为真正意义上的"社会人"。

兮之，你是否听说过这样一句谚语："自力更生胜过上帝的手。"这世上，没有救世主，没有冥冥之中不可改变的"天注定"。每个人才是自己最大的"贵人"。人这一生，与其想着听从上帝、命运的安排，或者是依靠别人过日子，把希望寄托在他人身上，不如自主掌握命运，通过一步一步提升实力，为自己打造一片天空。

你可能会问，要培养自立意识，对适应期的新生而言，主要从哪些方面着手呢？

我觉得，首先要从生活方面着手，学会自理，增强独立生活能力。自我料理个人生活的能力，是一个人需要具备的最基本的生存能力。生活会自理，就是在吃饭、穿着、购物、交往、个人卫生等不可或缺的日常生活环节里能自己照料自己。但是现实中，这对部分新生来讲却是一件感到头痛的烦事。不会洗碗洗衣、整理床铺，不懂打扫宿舍、管理钱财；不知如何与人交流沟通、如何应对挫折和突发事件；生活没有条理，缺乏基本生活常识，缺少自主规划大学生活的能力。在我们学校，曾经有极少数新生独立生活能力特别差，有的成了不理钱财的"月光族"，有的成了不懂整理内务的"凌乱族"，有的成了作息紊乱的"熊猫族"，有的成了不通交际的"独行族"，有的成了整天抱怨的"黑脸族"……这部分同学的大学新生活遇到了严峻的挑战。

对于大学新生而言，如何才能在生活方面增强个人的自立意识呢？

首先，要消除自己的依赖心理。兮之，你也知道，依赖性比较强的新生同学，之所以在生活自理方面能力不足，是由于过去的依赖心理和原有环境造成的。进入大学后，再也没有家庭和亲人照顾，自己不会照顾自己，怎么办呢？那就向身边自立性强的同学看齐，从一点一滴生活小事小节做起，学习各种生活技能。不怕失败，大胆且反复地实践，不断积累生活经验，自理能力就会得到逐步提高。还有，必须清楚地意识到，终有一天，每个成年人都会走出家庭和学校，走入社会的。只做温室里的花朵是经不起风吹雨打的。生活中的一切，都只能靠自己。一个人要真正长大，就得不断地走向独立自主、放弃依赖性，真正为自己负责。自立的过程既是锻炼自己和提高自己的能力的过程，也是锻炼和提高自己心理素质和道德品质的过程。所以，进入大学就意味着开始离开家庭和依赖，走向独立，生活上必须学会自己照顾自己，有计划地安排自己的日常生活，让自己成为自己生活的主人。

其次，要学会自律，养成良好的生活习惯。进入大学后失去了家长和班主任老师的原有管束又无法自律的新生，开始挥霍自己的时间，明明白天又上课又训练又参加各种活动，还要整理内务、做作业，可是再困也不按时休息，深夜还打游戏、聊天、上网、看小说，结果第二天晨训时无精打采，上课时梦游周公，学习和训练的效果都非常糟糕，如此下去形成恶性循环，身心俱疲，力不从心，被批评、被扣分、被处罚的情况越来越多。可见，培养良好的生活习惯尤为重要。兮之，你也理解，大学新生必须从过去"家长承包式"和"教师保姆式"的生活方式中走出来，独立地安排和处理自己生活与学习中的各种问题。学会用理智的力量控制自己的冲动，防止任性，努力做到冷静沉稳处事，主动将他律变为自律。学会合理地安排作息时间，养成早睡早起的习惯，形成有规律的作息制度。

再次，要学会理财，养成良好的消费习惯。这种好习惯，对于提高未来人生的生活质量和品位有极好的帮助，可终生受益。因此，新生必须尽快学会理财，管理自己的消费开支，根据家庭经济条件和收入来计划支出，量入为出，适度消费，厉行节约，不攀比，不挥霍，养成良好的消费习惯和文明健康的生活方式。一是学会节俭，不乱花钱，懂得考虑所购买商品的性价比和自己的承受能力，钱要花在刀刃上，花在"必须"和"关键"上。华人首富李嘉诚就是如此，他一辈子不怎么讲究穿着打扮，皮鞋坏了，补好照穿，一套西装常穿八年十年，但是对于慈善事业，他却是非常"大手笔"，迄今为止，他创办的李嘉诚基金会已对教育、医疗、文化及公益事业项目捐款逾 300 亿港元。兮之，千万别学校园里那些"月光族"同学，他们消费时大手大脚，既不考虑家庭环境也不考虑未来，缺乏正确的消费观以及合理的理财计划，非按"需"购物，而是随"心"购物，出手阔绰，及时行乐，甚至不惜欠费、透支、举债。二是学会编制预算和记账，确定月消费计划，做好合理分配，防止出现"月初富而月底穷"的现象。准备一个账簿，把每天的花销全部记录上去，使自己的每一笔开支都有据可查，还可随时审查钱财是否用得合理科学。三是确定自己的生活消费原则，把生活费分成几部分，一部分用于饮食，一部分用于活动经费，留一部分用于应急备用。每月有一定余额的可以积少成多，攒下一小笔钱作为未来创业资金或者理财基金。四是经济有困难的同学，可以申请校内勤工助学岗位，以及利用寒暑假和周末做兼职，帮补家庭，通过自己的劳动逐步实现自己的财务独立。

要培养自立意识，还要主动适应学校各项管理要求，做自立的新时代青年。"既来之则安之",既然选择了咱们学校,就要想方设法地改变自己去适应新环境。只要立足现实、锐意进取、刻苦钻研、严谨治学,树立正确的成才观念,胜而不骄、败而不馁,相信"天道酬勤",发挥自身潜力,就会不断靠近自立自强的彼岸。

当然,我也知道,学校管理及校园环境确实存在不尽如人意的地方,但是也不能老把自己当成局外人,不管事情是什么原因造成的,一有不满意就归咎于学校,似乎搞好学校和自己没有任何关系。反过来,如果尽快完成对学校的认同,能以主人翁的态度对待这一切,有些问题你也可以和大家主动参与及解决,比如清洁卫生问题;另一些问题可以采取谅解的态度、协商的态度解决,比如宿舍生活设施问题;还有的问题可以采取改进的态度,比如以前有的新生觉得叠好"豆腐块"被子的标准太高,或者标准不一,其实这些同学可以向学生管理部门反映,师生共同探讨研制修订可操作性更强的相关规定。

今之,关于大学新生的自立问题,我就先说到这里。但愿你能够做个自立自强的合格大学生,提高自己独立生存的生活能力,能够按时、高效地完成自己力所能及的生活、学习和工作任务,不断激励自己朝着自立、自律、自强的方向前进。

加油!

你的大朋友:陈佩华老师

九月二十七日

第三封信　学会自主高效学习

兮之：

你好！来信收悉。从来信得知，你已经军训结束，开始正式上课快两周了。可是你觉得在学习上有些找不着"北"。你提到，本来以为就像许多高中老师常常说得那样"再坚持一下，等考上大学，你们就解放了""现在辛苦，上了大学想怎么玩就怎么玩"。可是，现在完全不是想象中的样子。

对此，我要明确回答你，兮之，你的这种感受不是你独有，不少大学新生也都这样。高中时期，同学们一边顶着各种学习压力，一边憧憬着美好的大学生活：只要考上大学，就能放飞青春，享受快乐的大学生活，再不会有像高考这样的学习压力了，再不用题山题海刷题了，学习也不再枯燥。许多大一新生在踏入大学之前，常常以为，高考就是读书生涯里最苦最累最有压力的时期，一旦考上大学就能更自由和轻松，之前的长时期的初高中的巨大压力就能很好地得到解脱。其实，你仔细想想，大学比高中是更高层次的学习殿堂，怎么会反而比高中还要要求低、还要更轻松呢？

你信中还说，"我以为在大学课堂，满腹经纶又温文尔雅的老师们，一定是深入浅出地幽默授课，而我们欣然接受、心领神会，与阳光、草地和书香相伴，轻松愉悦。可是我发现并非如此。我现在过着初中的生活，睡得比高中还晚，事情比小学还多，内心比高考前还迷茫"。

其实，你提到的以上困惑，说明你在大学学习方面存在不适应的情况。那么这封信，我就专门跟你探讨一下大学学习方面的问题。

兮之，不知道你是否思考过大学与中学学习差异的问题？其实，大学与中学学习各有特点。常言说："中学生忙一样，大学生不一样忙。"高中生每天忙忙碌碌地上课、做作业、考试，把所有精力都集中在学习上，特别是集中在高考那几门必考课程的学习上，而对高考要求以外的领域则几乎不太敢也没时间去过多关注。有的同学即使有艺术、运动、阅读等业余兴趣爱好，如果它们与备战高考在时间上有冲突，也只能暂时忍痛割爱。而大学生每天忙忙碌碌的不只有上课，还有不少自习课与课余时间需要自己安排；不只有课堂理论学习，还进行课程实操实训、参加校系各种讲座、参加课程社会实践、参加学历提高班、考取技能证等。所以学习的范围扩大了，这是其一。

其二，学习的深度广度增加了。不同专业、不同学科有不同的课程设置和学习要求，学习内容、教学模式和学习方法都与中学有所不同。自由支配学习的时间增多，学习的自主性大大加强。大学老师每次上课时间长（连上 2 至 3 节课，有的甚至连上 4 节课）、内容多、进度快、抽象阐述多，对教材内容有较大取舍，很多内容不拘于书本，更重视抽象思维的训练与培养，一般只讲课程的重难点、逻辑关系、思维结构或者一些关键性问题，绝大多数课程内容要靠学生利用课后时间自学完成。有时教师一次课讲的内容，学生往往需要花多几倍的时间才能消化和理解。你在信中也提到了这一点，感觉上一次课，老师一下子讲这么多内容，一时难以吸收。

其三，学习的要求不同了。兮之，你已经感受到了吧？大学每门课程的作业量不太多，各种测验也少。大学的老师，也不再像你们的中学老师那样，全方位立体式、细致入微地教导、检查与管理；也没有家长长辈早晚的督促、全方位的学习生活安排；也不会有大量而密集的测试、考试、评讲与纠错等环节来不断强化对理论知识点的巩固。这就对大学生的自控和自我监督能力提出了更高层次的考验。没有了原来的紧张学习气氛、巨大高考压力与教师反复催促，一些大学新生出现学习目标模糊和自我学习迷茫的问题，造成学习积极性低、学习懒散、学习效率低下以及出现学习拖延症。

很明显，学习方式已从被动式变为主动式，这是大学阶段学习的重要特点。兮之，你有没有发现，有些新生认为不应该再承受高中阶段那样的巨大学习压力，于是在进入大学之后就放宽了对自己学业上的要求，在入学后放任自己享乐，不主动学习。上课漫不经心、毫不上心。还有部分新生在入学前对大学的设想过于理想化，结果在入学后对学校环境、硬件设施、教学方面不甚满意，由此产生理想与现实的巨大落差感，在学习上存在消极情绪，积极性不高。也有部分新生由于并非按自己的真实意愿选择学校及专业，经过一段时间的大学学习后，发现自己依旧不喜欢现在的学校、专业，因而学习积极性不高，不知道该怎么继续学下去，很迷茫。你看，这些问题如果不及时解决，势必会影响这些同学未来几年的大学学习与生活质量。

兮之，大学生是不同于为了高考和追求高升学率而被动学习的高中生的。也正因为没有完全做好这种向主动式学习的转变，不知道自己要学什么，如何去学，如何学得更有成效，你才感觉学习出现一些不适应，才会有你所提及的"无为而忙碌"之感。

2013 年 3 月，习近平总书记在中央党校建校 80 周年庆祝大会暨 2013 年春季学期开学典礼上的重要讲话中明确指出："有人研究过，18 世纪以前，知识更新速度为 90 年左右翻一番；20 世纪 90 年代以来，知识更新加速到 3 至 5 年翻一番。近 50 年来，人类社会创造的知识比过去 3000 年的总和还要多。还有人说，在农耕时代，一个人读几年书，就可以用一辈子；在工业经济时代，一个人读十几年书，才够用一辈子；到了知识经济时代，一个人必须学习一辈子，才能跟上时代前进的脚步。"习近平总书记还指出，如果我们不努力提高各方面的知识素养，不自觉学习各种科学文化知识，不主动加快知识更新、优化知识结构、拓宽眼界和视野，那就难以增强本领。他形象地说：每个人的世界都是一个圆，学习是半径，半径越大，拥有的世界就越广阔。

可见，时代在发展，社会在进步，学习无止境，大学生必须增强自学意识和能力。因此，大一新生必须尽快学会主动地安排自己的学习内容与时间，养成主动式的自觉的学习方式和学习习惯，构建自主学习的良好能力。我国著名的物理学家钱伟长教授曾经说过："一个人在大学四年里，能不能养成自学的习惯，学会自学的本领，不但在很大程度上决定着他能否学会大学的课程，把知识真正学懂学活；而且影响到大学毕业以后，能否不断地吸取新的知识，进行创造性的工作，为国家作出更大贡献。"可见，自学不仅在大学阶段重要，而且在人的一生的发展中也很重要。在大学里不论是知识的获得，还是知识的消化和巩固，大学生主要靠自学。那么如何培养自学能力呢？

首先，尽快适应大学的教学特点，形成自主学习习惯。大学学习是具有相对自由时间和空间的学习，强调学习者个人学习的独立性、自觉性和主动性，方式上主要是以自学为主，也就是"老师领进门，学习在个人"。因此，要充分意识到，自己是学习的主人，学习要付出自己艰苦的努力，充分发挥个人学习的自主性、积极性，尽快把以前那种依赖老师、依赖教材、依赖死记硬背、依赖题海战术的旧习惯克服掉，从"教师讲解"为主模式转为"学生自学"为主模式，养成自觉、主动的学习习惯，进而不断探究学习的规律，实现驾驭学习、适应科技迅猛发展、知识不断更新的时代需要。作为大学新生，希望你要尽快确定学习目标与计划，养成自主学习的好习惯。

其次，讲究科学的学习方法和策略。不同于中学的通才教育，大学教育属于专才教育，需要学习的内容范围缩小，但精度和深度要求非常高。这必然要求新生对学习方法进行较大调整，不断探索和总结适合新阶段、适合自己的学习方法：一是掌握科学的学习方法，提高学习效率。由于每个学期修读的课程不少，而且很多知识和内容是之前没有接触过的。所以，今之，我建议你一定要做到预习，先阅读教材，对不解之处做记号，接着可以上网络或上图书馆去搜寻相应问题的答案，试着自行寻找解决方案。这样听课时就能够跟上教师课堂讲授的节奏。在课堂上，一定要集中精神认真听讲，做好笔记，积极思考，参与互动。课后要尽快复习，理解并熟记专业名词和概念、各章节重难点、基本知识点等，并及时把课堂笔记进行补充完善，还可以做些测试题看看自己的学习效果。只要学习方法对头，就往往能做到事半功倍。二是严格把控自己的学习计划，把控学习进度、效率，从而形成良好的执行计划习惯，有利于提高学习效果。三是主动地向任课教师以及师兄师姐请教学习方法，还可积极参加校系和班级举行的学习经验交流会等活动，使自己在学习上尽快适应大学的生活。四是每过一周或两周，就要有意识地总结前一阶段学习方法与学习内容是否相匹配，以便及时发现问题并做相应的修正。

再次，注重学以致用，增强知识应用能力。大学学习的实践性远高于之前的学习阶段，因此对知识应用能力的总体要求将比之前的难度有较大提升。因此，你要多动手，多参加有益于增强知识应用能力的活动或比赛，通过学习、交流和实践增强应用知识的能力。所以，兮之，你可以主动参加适合你的学生社团活动、社会实践活动。比如省市大学生职业技能大赛、服务社会法律咨询活动、禁毒宣传下乡活动、春运安保工作等。在实干中增长才能，磨练意志，体味人生，在社会实践中长知识、经风雨、见世面，使自身学习能力实现从量到质的转变。

最后，做时间的主人，高效管理学习时间。时间是有限的，不可逆的。兮之，大学光阴非常宝贵，你一定要学会管理好学习时间，切莫虚度光阴。时间管理好的人，可以做到忙而有序，忙而有效。每个人每天的时间都是24小时，但是如果能利用好零碎的时间，时间是可以相对增加的。生活中有许多零碎的时间很不为人注意，其实这些时间虽短，但却可以充分利用起来做些事情。比如，可以利用排队打饭的时间来回顾刚刚课堂学习到的知识点，可以思考下一步的学习计划；集队完到教室后，趁还没上课，记几个单词，背诵几个概念；操练时可回想遇到困难的事或急待解决的事等。再比如，避开高峰期，如避开宿舍洗澡洗衣服的高峰，避开饭堂打饭进餐的高峰，这样你就可以节省时间去学习看书。正如鲁迅先生所言："时间就像海绵里的水一样，只要你愿挤，总还是有的。"

兮之，还有一个非常值得关注的学习问题，就是克服学习拖延。知道自己应该完成、也愿意完成，但没有在预定的时期内完成学习任务的行为，就是学习拖延；因为不必要的原因而推迟学习任务的行为，并且这种推迟会导致出现心理困扰，也是学习拖延。拖延是时间利用管理的大敌，而学习拖延已经成为当今大学生群体中较为普遍的现象，并且这会导致对学业完成和心理健康产生不良影响。

有效克服拖延习惯的方法，就是自己先安排一个相对充实的时间表，从被动选择逐步过渡到自觉安排，养成良好的个人习惯。定期（如每日或每周）对照设定的时间管理目标，列出未完成的任务，认识拖延的后果，给自己施加压力，压缩其他时间或利用机动时间予以补足。另外，要想管理好时间，除了刚才说的要挤出时间，还要别浪费时间在琐事上。对于那些打乱原有学习计划的临时性活动，比如聚会、逛街、闲聊、娱乐等，若自己认为无关紧要的，可以试着用委婉的言语来回绝邀请方，这是时间管理中的摆脱变化和纠缠的一种很有效的方法。要有抵制各种懒惰和诱惑的自制力，对己对人都懂得掌控与限制时间。鲁迅曾经说过："时间就是性命。无端的空耗别人的时间，其实是无异于谋财害命。"所以不要被无聊的人和无关紧要的事纠缠住，也不要在不必要的地方逗留太久，尤其是不要闲扯和白白消磨光阴。比如，大学宿舍里不时会出现这种情况：周末几个同学闲来无事，围坐一起，就开始天南海北侃大山，一下子时间就溜过去几小时了，而其中没有多少有益的思想、崭新的理念、新的知识产生。

还有，兮之，你有没有统计过自己一天花在手机和电脑上的平均时长？现在网络发达，网络为大学生提供了丰富的学习资源，同时也伴随着各种诱惑，大学生在利用网络学习的过程中，很容易受到其他因素的干扰。有的同学缺乏对学习和生活的具体目标及人生规划，一有空闲时间就宅在宿舍里玩电脑玩手机刷视频，上网玩游戏、看八卦。每次要阅读文章或写作业，过不了十分钟就下意识地拿起手机，看看这玩玩那，无目的地浏览网页，不知不觉中一两个小时玩过去了，而作业还没有完成。有调查结果显示，超4成学生每天上网超过5小时，超8成学生上网主要是社交聊天，有学生明确表示其每天都会使用手机上网，使用时长在6小时左右，"每天醒来就是刷手机，这已经成为我的习惯，现在上网是日常所需，感觉除了上网我也没有太多事做，没课就喜欢上网聊天、看新闻、打游戏，一玩手机就停不下来"。一份2020年对八所大学的一千多名大学生的相关调查显示，在自控力方面，仅有11.9%的学生选择了自控力很强，34.5%的学生选择比较强，高达48.3%的学生认为自控力一般，5.3%的学生认为自控力很差。这说明不少大学生自我调控能力不足，抵挡不住诱惑，容易受到外界环境的影响，缺乏自我教育的意识，缺乏学习的自律性。分之，你说，这些学习不自律、沉迷于玩乐、逃避和拖延学习的同学，整个大学生涯是不是在虚度中白白浪费大好时光？真是令人唏嘘！

捷克著名教育家夸美纽斯说过："一切成长、一切学识、一切发展都来自内部，教育的作用在于对这种发展进行引导和指导，使其有所成效。"因此，我非常期待你和同学们有意识地提高自我教育和掌握管理的能力，摆脱对传统学习路径的依赖，从"被动性学习"转向"自主性学习"，成为一个爱学习、会学习、能学习的大学生。

任何人的成长和成熟都是一个渐进的过程，不可能一蹴而就。法国作家阿拉脱曾经说过："所有的转变，甚至是我们渴望的转变，都有使人悲伤的地方，因为我们留下的是我们自己的一部分。我们要在一个生命中死去，才能进入另一个生命中。存在就是转变，转变就是成熟，成熟就是不断更新自己。"对于同学们而言，迈入大学校门，是人生的重要转折点，也是成长成熟的大门槛。

我们做出转变，就是开启自我"英雄之旅"，就是想成为更好的自己，在经历自我转变和自我发现中逐渐实现飞跃和蜕变，最终塑造更加成熟的自己。

兮之，真正的、完整的大学生活需要你自己细细品味。希望你能够勇敢面对一切未知和挑战，寻找到一个适合自己的方向，脚踏实地地走好每一步，以"越是艰险越向前"的气概，踏出一条属于自己的康庄大道！

最后，我想分享 17 世纪法国数学家帕斯卡尔的一句名言与你共勉：To the time to life, rather than to life in time. 即"给时光以生命，而非给生命以时光"。让我们珍爱生命，活化时光，在平凡的但又充实的每一天里追寻生命的独特意义。

关于我们学校的学习、生活，如果还有什么疑问或不解，欢迎你提出来，我们继续一起探讨。

此致
学业进步！

你的大朋友：陈佩华老师
十月二十日

参考文献

[1] 童康胜："如何增强高校新生入学适应能力"，载《现代交际》2019 年第 23 期。

[2] "大学生手机上网调查：超 4 成每天上网超 5 小时"，载中国青年网，2019 年 10 月 18 日。

[3] 丁洁琼："战'疫'背景下大学生主体意识现状调查及培养路径研究"，载《宁波工程学院学报》2020 年第 3 期。

[4] "世界读书日，品读总书记如何'知学、好学、乐学'"，载人民网，2021 年 4 月 23 日。

谈谈大学生的未来发展规划

第一封信　为什么要做未来发展规划？

亲爱的小凡同学：

你好！

上次课后我让大家在班级微信群中讨论关于未来发展规划的话题，同学们都踊跃发言，纷纷谈了自己对未来规划的设想。我发现你在群里话语不多，只说"过好每一天就好"，对现在和未来并没有太多的想法。对此我感到很担忧，特此给你写这封信，给你讲一讲我们为什么要做未来发展规划，希望能对你有所帮助。

小凡，制定未来发展规划可以让你紧跟时代的发展，了解国家需要什么样的人才，对自己未来发展的道路更加清晰明了，从而确定奋斗目标，让自己在不远的将来成为国家的可用之才。2019年4月30日，习近平总书记在《纪念五四运动100周年大会上的讲话》中对广大青年学子提出了六个方面的要求和期望：新青年要树立远大理想、热爱伟大祖国、担当时代责任、勇于砥砺奋斗、练就过硬本领、锤炼品德修为。习总书记的讲话为新时代青年的发展指明了方向并提出了明确的要求，要想努力实现这些目标，科学的规划必不可少。下面，我想结合习近平总书记的讲话精神和你具体谈一谈做个人未来发展规划的重要意义。

首先，尺有所短，寸有所长，科学的个人未来发展规划，能让我们真正地做到认识自我、扬长避短、激发个人的潜能。

小凡，一份行之有效的未来发展规划能够引导你正确认识自身的个性特质、现有与潜在的资源优势，帮助你对自己的价值进行准确定位，在此基础上确定自己的奋斗目标。在实现目标的过程中不断总结提升，能有效地把你的潜能充分发挥出来。爱因斯坦就是一个非常典型的事例，他是我们大家都熟悉的科学家，被公认为是20世纪最伟大的科学家。他能取得如此伟大的成就，与他一生具有明确的奋斗目标、有科学合理的未来规划是分不开的。爱因斯坦出生在德国一个贫苦的犹太家庭，家庭经济条件不好，他从小就有一个远大的理想，那就是长大后成为一名科学家。他在上小学、中学的时候，学习成绩并不突出，但他能够认清现实，知道自己要量力而行。他对自我分析如下："自己虽然总的成绩平平，但对物理和数学有兴趣，成绩较好。自己只有在物理和数学方面确立目标才能有出路，其他方面是不及别人的。"因而他读大学时选读瑞士苏黎世联邦理工学院物理学专业。由于奋斗目标选得准确，对未来有合理的规划，爱因斯坦的个人潜能得以充分发挥，他在26岁时就发表了科研论文《分子大小的新测定法》，之后几年他又相继发表了四篇重要科学论文，发展了普朗克的量子概念，提出了光量子除了有波的性状外，还具有粒子的特性，圆满地解释了光电效应，宣告狭义相对论的建立和人类对宇宙认识的重大变革，取得了前所未有的显著成就。由此可见，科学规划未来、明确目标对个人能否取得成功具有重要的影响。假如他当年把自己的目标确立在文学上或音乐上（他曾是音乐爱好者），恐怕就难于取得像在物理学上那么辉煌的成就。

确立未来发展规划要求对自身有充分的了解，我们每个人不可能做到把自我剖析的那么全面透彻，但是如果你有一个科学的未来发展规划，在实现规划时，你就有可能会开发出自己尚未发掘的潜能。在这一点上，牙买加的短跑选手博尔特就是一个很好的例子，博尔特本来是200米短跑选手，为了提高自己在200米后半程的加速能力，他在每天的训练中都会给自己增加一定量的100米训练。为了实现自己的宏图大志，博尔特以顽强的意志，每天都保质保量地完成训练。训练一段时间后，本以为200米成绩会大幅提高的博尔特得到了意外的收获，他发现自己200

米成绩没有提高多少，100米成绩却大幅提高。为此，他在2008年纽约田径大奖赛上多报了一项男子100米比赛。没想到他不仅力压群雄得到金牌，还以9秒72的成绩打破世界纪录！从此，一个新的百米飞人诞生了。从这个实例中我们可以看到，只要有合理的目标和计划，再加上自己的刻苦努力，个人潜能会被有效地开发出来，从而使自己获得意想不到的成功。

其次，大海航行靠舵手，正确的指引是我们到达成功彼岸的根本保障，科学的个人发展规划，就是我们百折不挠、不断增强自身本领的指路明灯。

小凡，科学的未来发展规划，可以让你的目标更加具体和清晰，让你在工作和学习过程中不迷茫，干劲更足，更加努力地朝着最终目标而奋斗。唐代大诗人李白，小的时候很贪玩，不爱学习。他的父亲为了让他成材，就把他送到学堂去读书，可是，那些经史、诸子百家的书很不好学，李白学起来很困难，就更加不愿意学了，有的时候还偷偷跑出学堂去玩。有一天，李白没有上学，跑到一条小河边去玩。忽然他看见一位白发苍苍的老婆婆蹲在小河边的一块磨石旁，一下一下地磨着一根铁棍。李白好奇地来到老婆婆身边，问道："老婆婆，您在干什么？""我在磨针。"老婆婆没有抬头，她一边磨一边回答。"磨针！用这么粗的铁棍磨成细细的绣花针。这什么时候能磨成啊！"李白感到很不可思议地问道。而老婆婆这时抬起头，停下手，亲切地对李白说："孩子，铁棒虽粗，可挡不住我天天磨，滴水能穿石，难道铁棒就不能磨成针吗？"李白听了老婆婆的话恍然大悟：铁杵磨成针虽然很难，但是只要目标明确，坚持不懈，就一定能够成功，读书的道理也是如此。从此以后，他为自己制定了目标，并做了科学的规划，经过刻苦读书，终于成为一名伟大的诗人。这个故事告诉我们，只有对未来有科学的规划，才能百折不挠地去奋斗，最终实现自己的目标。

小凡，科学的未来发展规划，是你不断增强自身本领的动力。有了科学的未来发展规划，要想实现自己的奋斗目标，你就需要把自己要达成目标的本领练就出来。没有过硬的本领，你就无法实现你所制定的未来发展规划。习近平总书记在《纪念五四运动100周年大会上的讲话》中说："青年是苦练本领、增长才干的黄金时期。当今时代，知识更新不断加快，社会分工日益细化，新技术新模式新业态层出不穷……新时代中国青年要增强学习紧迫感，如饥似渴、孜孜不倦的学习，努力学习马克思主义立场、观点、方法，努力掌握科学文化知识和专业技能，努力提高人文素养，在学习中增长知识、锤炼品格，在工作中增长才干、练就本领，以真才实学服务人民，以创新创造贡献国家！"小凡，时代的发展、科技的进步，都对青年大学生提出了更高的素质要求。所以你要对自己的未来有科学的规划，不能虚度年华，要有时间紧迫感，刻苦学习，努力掌握过硬的本领，丰富拓展自己的视野，紧跟时代发展的步伐，才能有一个光明的未来。

小凡，大学是我们心目中的象牙塔，在这里，我们可以在浩瀚无边的知识海洋里畅游；也可以在多姿多彩的组织、社团里历练自我；还可以提前在就业岗位上展现自我。大学生活是如此的丰富多彩，如果没有自己的目标，就会产生迷茫的心理，不知道自己应该把精力重点放在哪里。大学时期，有些同学对自己的未来没有规划，没有明确的努力方向，整天浑浑噩噩、放纵自我，上课不认真，课外活动也不愿参加，沉迷于游戏和玩乐中，等到期末考试时才发觉自己什么都没学会，特别是毕业时找工作，因个人能力不足，被应聘单位拒绝时，才惊觉自己的前途是那么渺茫。如果他们在进入大学时就对自己的未来做出合理的规划，知道自己需要学习什么，需要掌握什么样的技能，并抓紧时间去付诸行动，就不会临毕业时还一无所获。

最后，万事预则立，不预则废，科学的未来发展规划，是我们一步步实现人生理想、实现人生价值的总体规划和宏观设想。

习近平总书记在《纪念五四运动100周年大会上的讲话》中明确指出：青年志存高远，就能激发奋进潜力，青春岁月就不会像无舵之舟漂泊不定。正所谓"立志而圣则圣矣，立志而贤则贤矣"。青年的人生目标会有不同，职业选择也有差异，但只有把自己的小我融入祖国的大我、人民的大我之中，与时代同步伐、与人民共命运，才能更好实现人生价值、升华人生境界。对新时代中国青年来说，热爱祖国是立身之本、成才之基。

小凡，有很多同学考上大学后感到迷茫、困惑，不知道如何安排自己在大学期间的学习和生活，缺乏对自我的认知和了解，不知道自己未来想要干什么，我想，出现这种情况的原因就是他们缺乏远大的理想和对自己未来发展的具体规划。众所周知，未来发展规划是个人对美好未来的追求的设想和实施方案，是指引我们前进的方向和不竭动力，科学合理的发展方案可以让你明确自己的理想，并对现在和未来的发展做一个总体的布局，在准确地进行自我定位的基础上，安排好自己的生活和学习，不断地提高自我的综合素质，努力实现自己的目标和理想。做好个人未来发展规划，会让你把小我融入国家这个大我之中，做到与国家同呼吸、共命运，学好本领、立志报国，让人生更有意义；会让你紧跟时代的发展潮流，对自己的未来发展有清晰的认识和规划。要想做到这一点，很多英雄楷模的事迹就是你学习的榜样，这里我们就拿共和国勋章的获得者、黄旭华院士的事迹来具体谈一谈：

黄旭华院士隐名埋姓三十年，亲人不知道他去了哪里、在干什么工作，父亲去世都没能见上一面，他在接受采访时说："从一开始参与研制核潜艇，我就知道这将是一辈子的事业。"1926 年，黄旭华出生在广东汕尾，年幼上小学时，正值抗日战争，目睹了日本飞机的狂轰滥炸，我们因为武器落后而无力反抗，少年的他立下了强国强兵的报国之愿。为了实现自己的理想，他刻苦学习，面对艰难困苦从来都是勇敢面对，后成功考上了心仪的大学，并最终成了一名科学家。在 20 世纪 50 年代后期，当中央决定组织力量自主研制核潜艇的时候，黄旭华因为思想进步、业务能力强被选中参与其中。在核潜艇的研制过程中，为了增强科研团队和战士的信心，黄旭华亲自上舰参与了核潜艇极限深潜试验，在那个年代，世界上还没有任何一个国家的核潜艇总设计师亲自下水做深潜试验，黄旭华是第一人。正是凭着这样的奉献精神，黄旭华和他的团队于1970年成功研制出了我国第一艘核潜艇，这艘核潜艇各项性能均超过美国1954年的第一艘核潜艇，实现了核潜艇"一万年也要搞出来"的伟大誓言。1986年底，两鬓斑白的黄旭华再次回到广东老家，见到93岁的老母。他深情地凝望着母亲说："人们常说忠孝不能双全，我说对国家的忠，就是对父母最大的孝。"

小凡，黄旭华院士现在已近百岁，但是他始终不忘初心，把自己的一生奉献给了国家和人民，是崇高的精神和远大的理想引领着他，从莘莘学子到核潜艇的总设计师，他一步一个脚印走过来，至今依然战斗在科研的第一线。成功从来就不是一蹴而就的，它需要你首先带着高尚的爱国主义理想去描绘人生蓝图，需要你科学地规划好每一步，需要你不惧艰难地去实现它，只有如此，你的人生价值才会得到升华。对此，习近平总书记在《纪念五四运动100周年大会上的讲话》中对我们新一代的青年提出了明确的要求和期望：时代呼唤担当，民族振兴是青年的责任。……青年要保持初生牛犊不怕虎、越是艰险越向前的刚健勇毅，勇立时代潮头，争做时代先锋。一切视探索尝试为畏途、一切把负重前行当吃亏、一切"躲进小楼成一统"逃避责任的思想和行为，都是要不得的，都是成不了事的，也是难以真正获得人生快乐的。

空谈误国，实干兴邦，如果只有理想，缺乏实干，那理想就会变成空想，要想成就一番伟大的事业，它既需要我们有远大的理想和抱负，还需要我们科学地规划每个阶段的奋斗目标和方向，并积极付诸实施。"为中华之崛起而读书"是我们大家耳熟能详的一句话，激励了几代的青年人为之奋斗终生，同样也是我们当代青年不断进取的强大动力。它是周恩来总理在少年时代立下的宏伟志向，表现了为国家和民族而奋斗终生的责任感和使命感。周恩来总理少年时耳闻目睹了列强在我国境内耀武扬威，中国人在洋租界里受洋人欺凌却无处说理，周围的人都敢怒不敢言，在那时，少年周恩来就已经认识到，中国人要想摆脱帝国主义的欺凌，必须振兴中华，从而立志"为中华之崛起而读书"。为了实现这一远大抱负，他在中学时代就为自己制订了五个"不虚度"的要求：读书不虚度、学业不虚度、习师不虚度、交友不虚度、光阴不虚度。中学毕业后，为了实现理想和抱负，周恩来又远涉重洋到日本和欧洲留学去探寻救国救民的革命真理，回国后就义无反顾地积极投身革命并为之奋斗终生。周总理的一生，始终都在践行着少年时代的理想，勇于面对时代的挑战，每个阶段都为自己制定了具体的目标，并且义无反顾地去实现它，为救国救民、为建设强大的社会主义新中国而矢志不渝、奋斗终生，是激励我们每一个时代青年学子奋发努力、不断进取的不朽楷模。

　　小凡，以上三点是我对未来规划的认识和感想，我相信未来规划对你目前的大学生活、将来所要从事的职业，乃至未来的人生走向都具有非常重要的指导作用。所以，我希望你能从思想上提高对未来规划重要性的认识，主动在日常生活中学习未来规划的相关知识，认真对自己的未来进行科学的规划。好了，就聊到这里吧。愿你能早日走出迷惑，规划好自己美好的未来！

　　此致
学业顺利！

老师：王吉梅
九月二十五日

第二封信　怎样做好个人未来发展规划？

亲爱的小凡同学：

你好！来信收悉！

收到你的来信，我很高兴！我没想到现在的00后，还能像我们70、80年代的时候用书信这种方式进行交流，更没想到这么快就收到了你的回信，让我欣慰的是你在信中把自己的思考梳理得有理有条，我认为你这一封信写得非常好！

读了我写给你的信，你说你懂得了做好未来发展规划的重要意义，对未来发展也有了一些想法，不过，不知从哪里着手去做未来规划。今天我想就这个问题，和你一起来探讨一下。孙子兵法讲"知己知彼，方能百战不殆"，"知己知彼"也是我们制定科学的个人规划所应遵循的前提。

首先，对自己有一个正确的认知是做好未来规划的重要前提，勇于直面自我、勇于自我剖析是达到"知己"的必由之路。

所谓"知己"，就是认识自我，即分析自己具备的条件，弄清自己追求的目标，看看自己能做什么，不能做什么；喜欢做什么，不喜欢做什么。这是制定个人未来规划的依据。

小凡，我们中国有个典故叫："知人者智，自知者明。"这句话最早出自《老子》，意思就是：善于认识别人的人叫智慧，善于认识自己的人叫明察，人生最重要最首要的事情就是认识自己。历史上的汉高祖刘邦就是一个很有自知之明的人，他在即位的庆功宴上发言，翻译成今天的白话，大致意思是：我之所以能有今天，主要在用人上，我能知人善任，任人唯贤，其实，我自己的能力是非常有限的，全靠大家的帮助才有今天。比如说，萧何在治国安邦上胜过我，张良在深谋远虑上也胜过我，而韩信在用兵之道上也胜过我。他们能为我效命，其实是我的福气。有了大家的鼎力相助，我才有今天。

这个故事告诉我们，能够正确认识自我是多么重要，一个人能对自我有一个全面、正确的认识和评价，就能扬长避短、取长补短，从而改变自我、完善自我，就能根据自己的实际情况，选择相应的目标并为之努力奋斗，最终一定能够得到自己想要的结果。

小凡，要做好人生规划，就要勇于剖析自我，做到充分认识自我。所谓自我认知就是对自己进行科学、全面、彻底地剖析，包括对现在的我、过去的我的剖析和对将来的我的设想，比如对自己现有的知识水平、智商情商、性格特长、兴趣爱好、人际关系、人生态度、意志品德、道德责任感以及个人的期望和思维方式方法、价值倾向、未来想从事的职业等方面的优势及不足进行评估。

怎么才能做到这一点呢？具体的做法你可以找学院的职业规划老师进行指导，并通过一些专门的测试，对自我进行深入剖析，充分了解自己的优势、劣势、机会与威胁，发现并挖掘自己潜在的能力。只有正确地认识和评价自己，才能科学准确地对自己的未来做出最佳、最合理的规划，规划的内容不仅要有学业方面的，还应有个人修养、体育锻炼、兴趣发展及未来职业等方面，对自己未来所要从事的职业做出准确的定位，确定适合自己的职业发展道路，设定切实可行的目标。

举例来说，如何了解自我的智商、情感特征，我们在咨询学院心理老师的同时，还可以在老师的帮助下，借助一些专门的测试量表来进一步明确。心理学家认为：人的成功因素有很多主观因素，在这些主观因素中，智商（IQ）因素大约占20%，而情商（EQ）则占80%左右。情商包括以下几个方面的内容：一是认识自身的情绪。只有认识自己，才能成为自己生活的主宰。二是能调控自己，即能妥善管理自己的情绪。三是自我激励，它能够使人走出生命中的低潮，重新出发。四是认知他人的情绪。这是与他人正常交往，实现顺利沟通的基础。五是人际关系的管理。小凡，明确了这些后，你可以在老师的帮助下，通过对测试结果的具体分析，根据自身情商、智商的特点来制定一个适合自己的发展规划。

再比如如何发挥个人优势，根据自身的特长和爱好去确定自己的未来就业方向，这就需要你认真规划。以前有许多同学在大学时代就已经形成了对未来职业的一种预期，然而他们往往忽视了对个体年龄和发展的考虑，就业目标定位过高，过于理想化；还有不少毕业生在职业选择中一直强调大单位、大城市和高收入，甚至为了这些不惜放弃个人的专业特长，不顾个人的性格和职业兴趣；另外还有一些同学存有"这山望着那山高"的心理，这也是职业目标不确定的一种表现，盲目的攀高追求与选择不仅影响个人目前的就业，同样会对以后的职业发展造成不利的影响。

如何避免之前同学出现的那些就业误区呢？你可以在学院就业中心指导老师的帮助下，并借助一些测试量表来进行未来职业规划。比如，美国一位著名的心理学教授、职业指导专家霍兰德开发的职业测量量表，它就是一个很好的工具。通过了解你会发现，该量表把各种各样的人概括成六种类型，分别是现实型、研究型、艺术型、社交型、商业型和常规型六种类型。每一种类型的人都有各自的特征，职业也是千差万别的，也可以概括成六大类，每一类型中又有很多可供选择的职业。比如现实型的人的特点是动手能力比较强，不喜欢和人打交道，喜欢和物打交道，这类人适合的职业有工程师、技师、自动化设计师等；研究型的人喜欢分析、思考、推理、观察，这种类型的人比较适合做物理学家、数学家、人类学家等；艺术型的人喜欢自由、喜欢自我表现、喜欢创造，不喜欢被约束，那么这些人比较适合画家、音乐制作人等一些工作；社交型的人喜欢和人打交道，喜欢关心人、帮助人、教导人，所以适合做老师、做咨询师，做一些社会工作者等；商业型的人，比较追求权力、追求地位，自身有很强的影响力，愿意带领别人，影响别人去实现他的理想，这种人适合做领导、做经理、做营销等；常规型的人，比较认真踏实，这种人比较适合从事做金融分析师、会记、档案管理员等。等到你完成职业量表测试后，通过查看自己的分数相对应的性向类型，看看自己属于哪种类型的性向，这种性向的人又有哪些职业可供选择，结合个人的兴趣爱好，从而挑选出适合自己的未来发展方向，确定未来目标。

其次，顺势而为，做好未来规划不但要做到知己，还要做到知彼。

所谓"知彼"，就是对自我所处的环境、择业面向的社会需求及行业特点、专业方向及家庭背景等方面的了解，下面我们就这些方面来具体谈谈。

制定科学合理的未来规划，仅仅知己是不够的，对自我进行正确分析后，还应对自己所处的环境进行合理的分析。分析环境，就是要分析社会大环境，要了解当代社会的发展状况，国家的大政方针，社会存在的有利条件及不利因素，社会发展的方向等情况，要思考当今社会需要什么，自己适合做什么等问题。

制定科学合理的未来规划，还要明确国家就业政策和社会需求，了解社会需求的市场信息，明确自己适宜在哪些政策范围内就业，了解专业行业特点，明确自己择业目标的范围；还要了解与自身条件相关的行业职业的特点，了解相关用人单位的职业要求，准确认知各种职业，清晰了解各种自己可能选择的职业，尤其是对于自己感兴趣和期望从事的职业，要掌握其对人才素质结构与能力的要求，深入地了解这些职业的市场需求情况，结合自己所学专业和自身特点评估自己从事该职业的可能性，从而准确地选择理想职业，减少职业选择的盲目性，使未来规划更具有可行性。

制定科学合理的未来规划，还要分析自己所学的专业，专业是未来就业的基础，也是我们今后立足于社会的基石。每位同学都应当了解自己所学的专业是做什么的，它要求具备哪些特定的知识、能力和素质，所学专业的行业前景如何，自己的适应性如何。只有摸清这些，才有利于寻找自己的学习方向，制定正确的未来发展规划。

制定科学合理的未来规划，还要分析自己的家庭因素，每个同学的健康成长需要多方面因素的共同努力，家庭就是其中一个很重要的因素。其实，在你的成长过程中，每个重要的阶段都离不开家庭的支持和亲人的帮助，对于未来，是考公务员还是创业，是继续深造还是早日就业，都与家庭有很大关系。就拿专升本来说，家庭因素直接影响着个人的选择：家庭条件富裕的同学可以考专插本，继续接受全日制高等教育，也可以参加学院组织的自考班学习，通过培训参加自学考试取得本科文凭，或者参加函授学习及电大学习；家庭条件困难的同学就需要完全依靠自己的毅力，通过报考自考，经过个人刻苦努力，顺利通过所学科目，取得本科学历。因此，你在规划未来时，必须考虑到家庭的承受力，家庭对自己事业发展的优势和劣势等因素。

总的来说，做到"知彼"才会更多更好地发挥"知己"的主观条件，才能使择业定位更加符合客观实际。"知己知彼，百战不殆"，只有这样，才有可能在以后的就业过程中做到扬长避短，使个人的自身潜能得以充分发挥，能够完美地把个人职业愿望和社会职业需求结合起来。

最后，小凡，在对自身和外部环境充分认识的前提下，你在制定未来发展规划时还要明确以下几点：

一是，在规划未来时要切合实际，将目标阶段化、具体化。人生的不同阶段有着不同的任务，就是同一阶段也会面临不同的挑战，所以，在做未来规划时我们要根据不同阶段的不同任务，或者是同一阶段的不同挑战，有针对性地进行规划；未来规划设定的目标不能太多，要突出重点，目标一多就容易分散精力，不利于我们自身发展；在设定未来目标时还要注意短期目标、中期目标与长期目标要结合起来，长远目标要与个人近期的学习、生活相协调，既立足当下，又兼顾长远。比如你在大学时期，要结合学院的培养目标，每一学期都要有不同的目标。每一学期初都要制定本学期的目标，学习要达到什么标准，怎么安排课余生活，个人要参加哪些社团等，都要有具体的设想和规划，期末时及时总结本学期的规划完成情况，取得了哪些成果，哪些方面有欠缺，下一个学期就会吸取经验教训，取长补短。总之，合理规划大学生活要从具体实际出发，对自身与客观环境要进行科学的评估，使主观与客观相统一，认识与实践相统一，做到求真务实。

二是，目标要具有可行性。未来规划确定未来的奋斗目标，目标确定之后，必须制定切实可行的实施方案，以确保规划的顺利实施。你要根据主客观实际，结合规划中所确定的目标制定具体的实施方案，即如何行动才能实现自己未来规划中确定的各个方面的目标。规划要在自己的能力范围之内可行，设定目标不能过高，也不能过低，过高的目标难以完成，容易使自信心受挫；过低的目标很容易就可以实现，这就丧失了规划的意义，所以在制定目标时要注意结合自身特点和能力，制定合理的目标，即该目标需要通过一定的努力才可以达成。

三是，设定的目标一定要清晰明确，同时制定可以衡量的标准。无论干什么工作，干到什么程度，都要有清晰具体的要求，要有定性、定量的要求，包括完成时间、完成目标的高度和深度等。

小凡，就拿你来说，如果你想在学习方面获得国家奖学金，那么就要了解获得国家奖学金对各科成绩的要求，每科成绩最低要达到多少分才符合要求，还有我们是警校，你们的操行也很重要，据我所知，要想获得奖学金，每学期的操行分要达到九十分以上。要想达到上述条件，你就要规划好自己的学习和生活；如果想拿到英语等级证书，就要计划如何扩大自己的英语单词量，每天要背会多少个单词，阅读多少篇英文文章，做多少练习题等；如果想要提高计算机应用能力，就要多实践，加强动手操作能力，要把学会的计算机知识应用到自己的生活、学习上，尽可能多地接触和利用计算机，比如说平时用它来写作业、做PPT、运用表格记录个人财务开支等，久而久之，你自然就会熟练运用办公自动化系统。

以上就是老师对如何做好自我规划的几点意见和建议，希望你能够根据自己的实际情况，在相关老师的帮助和指导下，做一个合理科学的自我未来发展规划，并付诸实施。好了，就聊到这里吧，下次有什么问题我们再探讨。

　　此致
学业进步！

老师：王吉梅

十月五日

第三封信　如何实施个人未来发展规划?

亲爱的小凡同学:

你好!

很高兴又收到了你的来信。读了你的来信,我知悉你已经懂得了如何做好自己的未来发展规划,而且对自己的未来也有了一个比较合理的规划,这次你来信询问我如何来实施自己的规划,今天我们具体谈一谈这个问题。

首先,定下的事不要轻易更改,强大的执行力是实现未来发展规划的重要前提和保证。

小凡,做任何事都不会一帆风顺,在实施未来发展规划时也肯定会遇到各种困境,只要我们坚定信心,迎难而上,坚持不懈,朝着既定目标前进,就一定能实现自己的理想和抱负,这里我就举一个大家耳熟能详的小故事给你听:

古时候有两个人挖井,打赌看谁先挖出水。第一个人懂得地质,在选址时,挑了一个比较容易出水的地方,第二个人不懂地质,选了一个比较难挖出水的地方。第一个人自以为稳操胜券,三天打鱼两天晒网,挖一天井,就休息两天。而另一个人呢,奋力挖井,一天也不休息。当第一个人看到第二个人比自己挖的深得多的时候,他嘲笑第二个人说:"不用麻烦了,我想你永远也挖不出水。"第二个人不理他,继续挖自己的井,这时第一个人开始怀疑自己选择的地方,"挖了这么久,为什么还没见水？"于是他选择了一个更容易挖出水的地方，装模作样地说："我保证七天就能挖出来水，"可是到了第六天，他开始怀疑，为什么还不见水？我错了吗？于是，他又换了另一个地方。就这样，第一个人换来换去，一直没有挖出过水，每次挖到离水只有一点距离的地方他就放弃了。再看第二个人，锲而不舍，他最终挖到了水。你看，第一个人每次选择的地方都是比较容易挖出水，最后却以失败告终。而第二个人一直朝着目标坚持不懈，最终取得了成功。

小凡，这个故事告诉我们一个道理，那就是成功没有秘诀，贵在坚持不懈，不管任何事情，都是成于毫不松懈、毁于半途而废，古人说"不积跬步，无以至千里；不积小流，无以成江海"讲的就是这个道理。我了解到很多同学都对自己的未来有过规划，但是缺乏毅力，在实施未来规划过程中，遇到困难就退却，最终计划落空。一个人要想获得成功，必须得鼓足干劲，辛勤付出，顽强拼搏，不懈奋斗。现在，你对自己的大学生活已经做出了合理的规划，并制定了切实可行的实施方案，你就要咬定目标不放松，用实际行动来成就规划的自我，坚定信念，脚踏实地实现自己的每一个目标，我相信最终你一定会获得累累硕果。

其次，在未来发展规划的大框架下，还要明确每个特定阶段的具体任务并保质保量地按时完成。

小凡，你在实施未来规划时，有了终极目标，还要明确每个阶段的小目标，并分阶段完成。在这里，我给你讲一个有关这方面的小故事。1984年，在日本东京国际马拉松邀请赛中，有一位名不见经传的日本选手叫山田本一，获得了冠军。当记者问及获冠原因时，山田本一答"凭智慧"，别人都不以为然，两年后，山田本一又一次获得世界冠军，人们对他刮目相看。山田本一性情木讷，不善言谈，面对记者追问，依然答是"凭智慧"，人们依然迷惑不解。10年后，山田本一退役，谜底终于被揭开，山田本一在其自传中说，每次比赛前，他都会开车把比赛线路走一遍，走的过程中他会认真仔细地把沿途醒目标志记下来，这样，比赛开始他总是奋力朝第一个目标冲去，之后又朝第二个目标冲去……

直到终点，他说，如果一开始就把目标定在 40 多公里外的终点线那面旗帜，可能跑到十几公里就疲惫不堪了。所以说，在现实中我们做事之所以会半途而废，究其原因，不是因为难度太大，而是没有把远大的目标化为无数的小的、具体的目标，没有做到一步一个脚印去完成每一阶段的目标。

小凡，你现在正处在刚刚上大学的阶段，那么你当前的主要任务就是要顺利完成大学的学习任务，掌握相应的技能，不断提高自我的综合素质，只有这个目标完成了，你下一阶段的就业规划才能够得以顺利实施。这里我就专业知识、专业技能的学习、备考公务员、提升学历层次以及提高个人修养等几个你在大学期间所要完成的重要规划目标来详细谈谈。

小凡，专业知识的学习和专业技能的养成是你在大学期间所要完成的主要任务，需要你高度重视和辛勤付出。人生每个时期有每个时期的任务，而学生时期的首要任务就是学习。作为大学生要把主要精力放在学习基础理论、专业技能知识上，专业知识的学习既是高等教育的客观要求，更是进入大学"求学问道"的核心目的，也是你成长成才的必由之路；同时，专业知识和技能的掌握程度影响或决定着你毕业后的就业方向，应该说是你走向社会的前提和基础。专业知识和技能对于大部分同学来说，是走上工作岗位时必须要具备的基本素养，大学时代的专业知识和专业技能就是以后参加特定行业的知识和技能基础，是安身立命之本，是发挥个人才能的基础，这好比房子的地基，地基不打好，盖不出好的房子来，只有基础打牢了，才能更好地发挥个人的才能。扎实的专业知识是未来从事职业的基础，大学教育从某种意义上讲，正是培养有知识、有能力的高科技专业人才的重要环节。如果连最基本的专业知识都掌握不好的话，就发挥不出更好的能力，以后很难在这个专业领域获得好的发展前途。因此，你必须正视专业知识的学习，以便更好地适应社会需求。这就需要你在校期间，必须在全面掌握专业知识和其他有关知识的基础上，提高专业技能的水平，在学习书本知识的过程中重视社会实践环节的锻炼和学习，积极参加社会调查和社会实践活动，努力运用现代化科学知识和科学手段，认识并解决社会发展和社会实践中的各种实际问题。还有就是要学好专业理论基础知识，利用课外时间尝试到与自己专业相关的单位实习，锻炼自己的业务能力，检验个人的专业知识技能，有时间还可参加一些有益的社会实践，多体验不同层次的生活，培养自己的吃苦耐劳精神和社会责任感，提高个人的主动性和受挫力，增强社会工作阅历，积累工作经验，全面提升自身的综合素质。

小凡，在完成好学业的基础之上，我们再来谈一谈备考公务员的问题。我记得在课堂中讨论问题时你说到自己有志于考公务员，那么你就要对此制定一个科学的规划。备考公务员不是靠一朝一夕的功夫，要分阶段来实施，要根据你的计划，每一学年每一学期都要完成既定的目标。首先你要了解自己想要报考的公务员类别是国家级的、省级的还是地市级的；招考的单位有哪些，近几年这些单位对人员的需求如何，备考学习才有方向、报考时才能做到目标明确。其次，明确备考公务员的考试内容，做好学习规划，根据自己的时间来合理安排学习内容。公务员考试分为笔试和面试两个部分。《申论》和《行政职业能力测试》是两门笔试的课程，考查了很多方面的知识和能力，要想顺利通过考核，就必须对这两门科目做仔细的分析，并做出具体的学习规划。比如《申论》主要考查阅读理解、综合分析、提出和解决问题以及文字表达这几个方面的能力。《行政职业能力测试》主要考查言语理解与表达、判断推理、科学推理以及数量关系与资料分析等。面试是笔试考试入围后的考试，关系到你最终能否被录用，所以也要高度重视。你要了解清楚公考面试的形式，目前公考面试形式有结构化面试、结构化小组面试和无领导小组讨论面试三种。这三种面试里结构化面试是最常见的，结构化面试的题型比较多样，有综合分析类题、情景处理与应变能力题、人际交往题、计划协调题、材料题等，主要考查你是否具备公务员的基本素质，也就是人际关系、沟通交流、应急应变、组织协调等能力。其次，你要对所报考的岗位部门做基本了解，因为面试是可能会出与岗位相关的试题，以此来测试你在岗位工作中遇见问题的解决方式是如何的。第三，合理安排学习内容。比如两门笔试课程，一年级的时候，你可以把这两门课程的最新版的书和近两年的考试真题及练习题买回来，在学好每学期的课程的基础上，利用课余时间，分门别类，一个一个模块地进行学习，将知识学透，找出题库中相应章节试题进行练习，练习时不要参照课本，做完后再对照答案，找出不足之处，分析做错原因，避免以后再次出错；二年级的时候，在掌握知识和理论的基础上，通过大量练习，来检验对知识的掌握情况，以便查漏补缺，同时还能丰富考试经验，提升实战能力；三年级的时候，多注意收集时政材料，增加自己的知识面，有可能的话还可以参加一些口碑较好的辅导班来进一步提高自己的应试能力。再比如面试的备考方面，在了解面试的形式和内容后，就要开始进行学习和准备。三年中有意识地多参加学院举办的有利于提升这方面能力的比赛和活动，考试前夕还要有针对性地学习公务员全真面试教材。经过不断的磨练和学习，辩证且有深度分析问题的能力，以及实际处理岗位工作的能力，自然也就得到质和量上的飞跃进步，最终一定能取得自己想要的结果。

再有就是关于规划学历提升的问题，要想实现学历提升，也要有计划地分阶段来完成。小凡，我们是专科院校，专科学历对于以后的就业有很大的局限性，为了以后有一个更广阔的就业空间，更多的就业方向，还要继续努力，提升自己的学历层次。那么怎么来阶段性地规划学历提升呢？首先，了解学历提升的途径有哪些，比如你可以通过参加自学考试或参加专插本考试实现升本，也可以参加成人高招或者网络教学继续深造；其次做一个科学的学习规划，我们拿自学考试来说吧，你要了解清楚一共要通过多少门课程的考试，每一年要通过多少科目，你要给自己定一个目标，一年有两次考试，你可以根据自己的学习情况确定每一次的报考科目，在学好校内课程的同时，苦下功夫，认真学好每一门考试科目，尽可能多渠道地搜罗各种复习资料，还可以参加一些辅导培训，多做一些试卷，巩固强化知识的掌握和运用，力争每一次考试都能顺利通过。只要你每一年都能顺利完成既定目标，最终一定能实现你的学历提升计划。

第三，在执行未来发展规划的过程中还要及时做好阶段性的评估工作，根据具体情况不断调整和完善未来发展规划。

小凡，在实施规划的过程中还需要根据具体情况，及时调整自己的规划。刻舟求剑的故事你一定听说过，故事讲的是古时候有个楚国人，在乘船渡江时他的剑从船上落入江中。他急忙在剑落水的船帮上刻下记号，说："我的剑是在这儿掉下去的。"船停下来之后，他从刻有记号的地方下水去找剑，捞了半天，也不见剑的影子。船上的人纷纷大笑起来，说："船一直在行进，而你的宝剑却沉入了水底不动，你怎么找得到你的剑呢？"通过这个故事我们知道，做什么事不能墨守成规，要顺应情况的变化，及时做出调整，而不是一成不变。常言道："计划赶不上变化。"在实施计划过程中，很可能出现一些原来未预料到的事情，致使无法达到预期目标或要求。要使目标行之有效，我们在制定未来规划后，要根据形势的发展与变化，适时对自己制定的规划目标进行评估、反省、修改和调整。

那么，你一定会问，怎么才能根据实际情况做出合理的调整呢？这就需要你在完成目标的过程中定期做出测评，检查完成目标的效果，并根据现实及学习进度，适时灵活地对计划做出修正与完善。其次，在落实未来目标的过程中，伴随着自我的不断成长，要根据实际情况自觉总结经验和教训，对自己的认知、选择、目标、自我评价等不断进行审视与修正。影响未来规划的因素有很多，有些因素是处于不断变化之中的，比如随着社会的发展，自我发展与社会需求都会有所变化，原来的职业规划与实际情况就会存在一定的偏差，我们应与时俱进，主动适应各种变化，不断地对未来规划的内容进行评估与调整，适当调整原来的一些不切实际的目标，修正一些阶段目标、计划和实施措施，使自己的规划更具可行性。改革开放的总设计师邓小平有两句名言：一句是"摸着石头过河"，一句是"看准了，就要大胆的试，大胆的闯"。说的意思就是要大胆创新，大胆实践，同时还要根据具体情况作出及时调整，只有这样，才能实现自己的目标。

　　小凡，通过上课以及与你的书信来往，我了解到你是一个有理想、有抱负的新时代青年，希望我们的交流能对你未来的发展有所帮助。十年树木，百年树人，信的最后，我想再和你探讨一下提高个人修养对实现未来发展规划的重要性。俗话说，做事先做人，要想实现个人未来发展规划，个人的道德品质及修养的培养和不断提高是根本和前提。过去很多艺术家在教导弟子时，总是要求他们时刻坚守道德底线，先学会做人，再学会做艺。你作为大学生，是未来社会的劳动者，不仅需要具备过硬的专业素养，更重要的是要加强个人道德修养。大学学习的不仅仅是专业、功课，还有为人处事的本领。要积极参与各种课外的活动和社团活动，一方面锻炼一下自己的组织协调能力，另一方面又能扩展自己的交往圈子，增强人际交往能力，培养团队意识和沟通能力，提高自身修养和人格魅力，这样度过三年大学生活后，你会发现自己的为人处事、做事能力大有不同。

　　小凡，国家目前对职业教育高度重视，特别是党的十八大以来，习近平总书记多次就发展职业教育作出重要指示，要求"必须高度重视、加快发展"，还制定出台《国家职业教育改革实施方案》，为广大青年学子打开通往成功成才大门。因此，你一定要加倍努力学习，科学规划好自我的未来发展方向，让自己的青春梦想和实现伟大的中国梦而一起飞翔。愿你有一个光明、美好的未来！

　　此致
学业进步！更上一层楼！

老师：王吉梅

十一月五日

参考文献

[1] 习近平:《在纪念五四运动 100 周年大会上的讲话》，2019 年 4 月 30 日。

[2] 于梅艳:"浅谈大学生活应该如何度过"，载《科教导刊（上旬刊）》2012 年第 5 期。

[3] 张福进:"规划职业，书写未来——新形势下我国大学生职业生涯规划研究"，载《中国就业》2016 年第 9 期。

[4] 佟艳:"从科学发展观视角谈大学生涯规划的设计技巧"，载《辽宁师专学报（社会科学版）》2009 年第 12 期。

[5] 安然:"大学精神与高校思想政治教育创新研究"，兰州理工大学 2014 年硕士论文。

谈谈警务化管理

第一封信　什么是警务化管理？

亲爱的佳玲同学：

你好！欢迎来到大学校园，在这里你将迎来三年的大学生活，我猜你的心中一定充满了期待吧？

我们学校是一所警校。警校的管理模式与其他高等院校的管理模式是不同的，实施的是警务化管理，这也是警校的特色所在，这种特殊的管理模式将伴随你的整个大学生涯。因此了解警务化管理对你而言非常重要，现在就让我们揭开警务化管理的神秘面纱！

首先，我们先聊一下什么是警务化管理。警务化管理是参照《公安机关人民警察内务条令》对学院学生各种行为的总体规范，按照思想革命化、作风战斗化、生活制度化、内务规范化的管理目标，通过建立规范严谨的学习、训练和生活秩序，坚持严格教育、严格管理、严格训练、严格纪律，突出忠诚警魂培育，强化纪律作风养成，培养学生令行禁止、英勇顽强、团结协作、无私奉献的警察职业精神。

这样说可能你会觉得些许晦涩难懂，我们可以把它梳理一下！我们所说的警务化管理，就是参照《公安机关人民警察内务条令》对同学们在校的学习、训练、生活等行为进行规范，主要包含警容风纪、作息规定、日常规定、执勤和紧急集合。

警容风纪

"我们能够任意穿自己喜欢的衣服吗？""我们能够化妆、染发、留长发吗?""我们能够饮酒吗?""我们能够穿着制服回家吗?"……在入学之前,很多新生在社交平台上提出了关于警务化五花八门的问题,其中大家关心最多的就是警容风纪的问题。作为一名学警,警容风纪关乎学警的仪表和风貌,每一名学警都应当具备良好的警容风纪,主要体现在着装、警容、行为举止、礼节上。

　　一想到警察,我们脑海中首先浮现的就是英姿飒爽的笔挺形象,绝不会是长发飘飘,胡子拉碴的"艺术家",抑或是身着奇装异服的"潇洒哥",这是因为人民警察对警容警貌有着严格的要求。警服代表着荣誉,代表着人民警察的身份,体现着警察的风貌,着警服时应当遵循着装规定,现在我做一个大致的描述,希望你能提前熟悉。警务化管理要求,除不宜或者不需要着装的情形外,在校学习期间必须按照《人民警察着装管理规定》着警服,着装应整洁庄重、警容严整、规范统一。警服应保持整洁,配套穿着,根据以往的经验,有的学生喜欢混搭混穿,在警服外罩便服,还有的私自穿警服外出,这都是不允许的。在不同的季节还须按规定穿着相应的警服,不同制式警服不得混穿。除此之外,在警服上我们也不能随意佩戴徽章、领花等,只准佩戴国家和人民警察统一颁发的勋章、奖章、证章、纪念章和校徽、团徽、党徽或胸牌,不准戴其他徽章,这些都有严格的规定。

　　除了着装规范,我们还需要有一个良好的体态和面貌,那样我们才能给人留下"英姿飒爽"的印象。着警服时仪容仪表必须保持整洁端庄,必须举止端正、谈吐文明、精神振作、姿态良好。可能大家最关心的问题就是"头发"的问题,因为发型直接和大家的颜值挂钩。关于头发的总要求其实很简单,那就是头发应当整洁,不得蓄留怪异发型。具体而言,男生应理寸头或者平头,头发不得超过两厘米,鬓角不超过后面头发,不触及衣领。女生一律留短发,刘海不能过眉,侧面和后面发梢不超过衣领,学生染发只准染与本人原发色一致的颜色,通常而言大家的头发颜色都是黑色。还有个问题在女生中关注度也是比较高的,那就是"穿警服能化妆吗?能佩戴首饰吗?",诚然,我们理解女同学们想把自己打扮得"美美的"的心态，但是按照规定，着警服时不得化浓妆，不得留长指甲和染指甲；不得围非制式围巾，不得戴非制式手套，不得在外露的腰带上系挂钥匙和饰物等，不得戴耳环、项链、领饰、戒指、手镯（链、串）装饰性头饰等首饰；除工作需要和眼疾外，不得戴有色眼镜。如果大家违反了上述的规定，那就可能会被纠察队的学姐学长纠正，甚至会被扣操行分的哦。

佳玲，作为学警，在公共场合我们还要注意我们的行为举止，必须展示作为学警的良好形象，我们在荧幕中和生活中看到的警察的时而威严、时而温和的形象，都不是一朝一夕形成的，都是在长期的行为规范中养成的。比如在行走过程中，我们不能呈现出太过于悠闲的姿态，有些同学喜欢穿着警服时背手和将手插入衣袋，有的同学喜欢着警服时边走边吃东西、扇扇子，这些都是不允许的。当两名以上着装人员徒步行走或执勤时，不能搭肩挽臂、嬉笑打闹，而应当两人成行、三人成列，威严有序。在参加外出活动时，必须遵守公共秩序和交通规则，遵守社会公德，举止文明。乘坐公共交通工具时，主动给老人、幼童、孕妇和伤、病、残人员让座。不能因为出了校园就对自己有所放松，要时刻谨记自己的学警身份，在学校中养成的良好习惯，也要使之在社会上得以推广，为文明和谐的良好风尚添砖加瓦。

佳玲，礼节是警容风纪的重要组成部分，我们经常在银屏上看到警察干净利落的敬礼，现在我们也来学习一下敬礼的规定，至于具体动作，会有相应的老师来教导。警务化管理要求同学们在不同的场合有不同的敬礼方式，以体现学警的文明素养，促进同学们内部的团结友爱和互相尊重。敬礼分为举手礼、注目礼和举枪礼。着警服时，通常行举手礼，携带装备或因伤病残不便行举手礼时，行注目礼。举枪礼仅限于仪仗任务时使用。

在不同的场合遇到不同的人都有不同的敬礼规定。比如最常见的，当在校内遇见领导、老师时，应当行举手礼，待对方还礼后才能礼毕；进入学院领导或老师办公室前，应当先轻敲门并喊"报告"，得到允许后方可以进入并向领导或老师敬礼；在室内，领导或老师到来时，应当自行起立；参加集体活动被介绍时也应当敬礼。而当听到领导、老师呼唤自己时，应当立即答"到"。回答上级问话时，应当自行立正。在领受上级口述命令、指示后，应当回答"是"。当然有些时候也是不用敬礼的，比如在上课、训练、实验、就餐、浴室或上洗手间时，乘坐交通工具、电梯和进行文体活动或体力劳动时，着便服时以及其他不便敬礼的时机和场合，可以不敬礼。这些都是最为常见的敬礼规定，至于更为具体和细节的，比如队列行进间的敬礼规定等，就需要你查阅学生手册来学习。

作息规定

上面我们聊了聊警容风纪，现在我们聊一聊警务化管理中对同学们的作息安排和具体规定。在工作日通常保持 8 小时教学（操课）和 8 小时睡眠，规定同学们统一起床、早操、整理内务和洗漱、开饭，统一课前集合、上课、午休、课外活动和晚自习、晚点名，还要统一进行晚查铺、就寝。关于具体的作息时间表，你可以在学生手册上查阅。下面我主要为你介绍一下警校独有的"特色"。

在工作日的早上，我们每天生活的开始往往来自于起床号。听到起床号后，全体人员立即起床，根据早操内容，按规定着装，迅速做好出操准备。听到出操号后，各班应在指定地点迅速集合，整理队伍，清查人数，检查着装，向值班员报告出勤情况，然后按计划组织出操；每次早操时间通常为 30 分钟，主要进行体能训练或队列训练。刚来到学校时，有些同学对体能训练难以适应，俯卧撑、深蹲、长跑成了每天的拦路虎，但是经过一段时间的咬牙坚持之后，经历过汗水和泪水之后，一切好像又没有那么难了。除了早操外，整理内务也是让"新兵蛋子"较为头疼的一个项目，因为"整齐划一"要求叠好的被子不但独立看要四四方方有棱有角，而且一排被子得在一条线上，一个高度。虽然磨被子的过程很苦，但经历过重复地磨被子，看到整齐的"豆腐块"，很多同学不由感慨："成就感爆棚啦！"

在就餐后，就要立即准备上课。和普通高校不同的是，警校上课前要统一集合，要统一着装，列队有序地进入教室或训练场地。上课信号发出后，当授课教师进入教室时，班长或值班班委要向授课教师报告，待教师还礼指示后，由班长或学生值班干部下达"坐下"口令，此时课程教学方开始。佳玲，在这个过程中，有没有感受到仪式感"爆棚"呢？

为了准确掌握学生在位情况，每晚学生干部会进行晚查铺，学生处、系部也会不定期进行检查、抽查，适时进行讲评、通报。查铺一般在熄灯前10分钟进行，每间宿舍时间不超过5分钟，尽量不影响大家的休息。

日常规定

佳玲，在平时的警务化管理当中，还有些日常规定也值得你注意，主要是考勤和请销假、内务设置及卫生、例会、请示报告和证件管理，这些日常管理制度也具备高度的纪律性，在此呢，我就简单地做一个概述，具体的细则还须你翻阅学生手册进行查阅。首先是考勤和请假，同学们要按时参加教学计划和学院统一安排、组织的活动，这些活动都会考勤；而因故离课、离校外出，都必须按时请假，按时销假，非假不得外出。然后是内务设置和卫生管理，警务化管理要求内务设置应方便学习、生活，要做到因地制宜、整齐划一，要做到"七个齐"，即床架齐、床面齐、衣帽齐、生活用品齐、鞋子齐、蚊帐齐、个人物品齐；宿舍和教室应当保持清洁卫生，宿舍、教室要做到无积尘、无痰迹、无垃圾、无蜘蛛网，地面干净、墙壁干净、门窗干净、桌凳干净、室内无异味。此外，同学们还需定期召开例会，讨论学习、训练、生活中的相关事宜，遇到不能解决的问题也要向老师请示报告，以获得帮助。最后值得注意的是要妥善使用和保管学生证、胸牌等重要凭证，按规定佩戴胸牌，不得污损、涂改、转借、伪造，否则会受到相应的处罚。

执勤和紧急集合

佳玲，除了学习和训练，我们还要执勤。一般情况下，警务化管理要求同学们在宿舍区、教学区轮流执勤、在校门口轮流警卫，比如在校门口的岗哨位，其实就是你的学长学姐执勤的地方。而在发生火灾、水灾、地震等自然灾害事故，或是恐怖事件、楼房崩塌等重大意外情况时需要紧急集合，虽然这种情况发生的概率可以说是极低的，但是为了防患于未然，学院会组织相关的演练。紧急集合时，要按季节着装、扎腰带，轻装集合。要注意安全，发现紧急情况，迅速采取防护措施。全体学生要熟悉警报信号和有关规定，听到紧急集合信号后动作要迅速，着装整齐。班队集合点名的时间不得超过 5 分钟，大队不超过 10 分钟，全校学生集合不超过 15 分钟。

　　说了这么多，警务化管理实际上是警校的特殊管理模式，相比一般普通高校的管理方式大为不同，明显具有较高的政治性和较强的纪律性，强调同学们的纪律性和执行性的养成，这也是警校学生管理教育及人才培养的特色所在。

　　好了，佳玲，今天我就从理解警务化管理的概念上跟你说这些。

　　最后，祝你开始美好的警院生活！

老师：谢锋

九月十日

第二封信　警校为什么要实行警务化管理?

亲爱的佳玲同学:

　　你好! 上次跟你探讨了什么是警务化管理, 这次我们再聊聊为什么要实行警务化管理。

　　学院对同学们实行警务化管理是培养合格预备警官的需要, 是学院落实立德树人中心工作, 锤炼同学们行为作风的需要, 也是推动学院实现特色化发展的重要途径。具体地说:

　　实行警务化管理就是想把同学们培养成合格的预备人民警察。作为专门培养预备人民警察的警校, 从这里走出去的学生有相当一部分会去往警察机关从事警察职业, 这部分学生必须具备"来之能战"的素质。《中华人民共和国人民警察法》明确规定, 人民警察的任务是维护国家安全, 维护社会治安秩序, 保护公民的人身安全、人身自由和合法财产, 保护公共财产, 预防、制止和惩治违法犯罪活动。人民警察必须以宪法和法律为活动准则, 忠于职守, 清正廉洁, 纪律严明, 服从命令, 严格执法。人民警察必须保持警容严整, 举止端正。这些都是法律对警察职责使命的规定及警察形象的要求。成为警察, 需要具备扎实的理论和过硬的本领, 而这都不是能够一蹴而就的, 需要经过系统的理论学习和严格的警务实践训练来达成。

　　我们再通过一个实际案例来了解一下警务化管理对于培养预备人民警察的作用, 或许会让你对警务化管理有更直接的认识。在广东省 SG

监狱工作的王某某是你的师兄，他从学院毕业后成了一名监狱人民警察。他说，走向新警训练营的那一刻他就明白，站警姿是每一位警察的必修课，正如老队长常说的那样："警察站要有警察的威严，人民警察是纪律部队，站都站不好，将来怎么去管理教育服刑人员。"他说，在学生时代训练擒敌拳的时候，长时间保持一个动作手臂都快发麻了，练习警姿、队列和体能时腿酸得快不能忍受，嘴上虽然不说，心中还是会感到苦和累！但是在新警训练时，他却没有因为长时间的站立而说一声累，没有因为枯燥的队列训练而逃避，没有因为繁重的体能训练而叫苦不迭，因为这些对于曾经的他来说已是家常便饭了。从事监狱工作不仅需要有良好的身体素质，更需要有坚定不移的理想信念和严明的组织纪律。曾经在警校接受的警务化管理所付出的努力让他感到没有白费。

王师兄的经历告诉我们，警务化管理在培养同学们成为合格预备警官过程中起着重要作用，特别在培养同学们成为信念坚定、吃苦耐劳、敢于担当的高素质技能型专门人才过程中起着关键作用。随着党和国家机构改革的深入推进，警察机关在全面深化依法治国实践中肩负着重要职责，任务更加繁重、责任更加重大，更加需要打造一支能够切实履行职责使命的队伍，因此，警务化管理也顺应着社会对于人民警察的要求及警务工作实践的需要。

再者，实行警务化管理是锤炼同学们行为作风的需要。在警务化管理过程中，同学们会牢记自身作为预备役人民警察的身份，会有高度的荣誉感、认同感、忠诚感，在这种情怀的感召下，有利于调动同学们学习训练的主观能动性，有利于同学们达到纪律严明、作风过硬、素质全面的要求，同学们也会不断地对自己提高标准，提高要求，鞭挞自己不断进步，向正式的人民警察看齐。久而久之，在同学们身上就会自然而然形成一种政治品格忠诚，行事作风干练的精神面貌，让人一眼望去就知道这一定来自于人民的纪律部队。如此，我们也有理由相信，同学们将来走出学院时，能够承担维护国家安全、保护人民财产、惩治违法犯罪活动的重担。

佳玲，警务化管理对同学们的成长成才也起着重要作用。这个重要意义主要体现在纪律约束的培养上，因为警务化管理规定着同学们的作息时间、行为规范、着装约束等，这实际上是对同学们进行生活制度化的教育。通过这些规定对同学们的行为进行时间管理，使得同学们对学习生活养成有规律、有计划的习惯。警务化管理要求同学们做到"四统一"，即内务管理的统一、着装的统一、警容风纪的统一和考核标准的统一，这些统一要求能够塑造同学们对制度、纪律的自觉服从，促使同学们养成遵守秩序的良好习惯。警务化管理中的队列训练、集队、出操等，能够使同学们既有强健的体魄，也有坚韧不拔的意志力，克服人的生物性懒惰，磨砺人的坚毅品质。

佳玲，一个人，如果能把一样最简单、最枯燥的事坚持做到极致，那他一定能做好其他的事。任何事情，只要用心去做了，就会有收获。警务化管理也是如此，你全身心去投入，全身心地去实践，同样也会有所收获。可以说，同学们在警务化管理中得到的教育是自然渗透、潜移默化、润物无声。不知不觉中，同学们会感觉到自身的行为举止和精神面貌会发生很大的变化：腰杆挺直了，声音洪亮了，谈吐精炼了，增加了自信，扬弃了自卑……那是因为我们骨子里渗透着辛勤的汗水，我们血液里沉淀着日复一日的积累。

佳玲，当我们走出校园时，不管将来在哪个行业、哪个岗位就职，我们在学院养成的职业品质和素养正是用人单位所推崇和青睐的。某人才咨询服务有限公司董事长万某某是警校毕业生，他带领一帮年轻人创业，成立公司后短短几年间便成为当地的知名企业。万某某常说，正是警校着重培养学生具备的"忠诚、明法、勤学、强警"的职业品质，让他带领团队打造了"团结进取、诚实守信、服务大众"的企业文化，推动公司奋发进取，才取得了今天的成绩。

万某某的成功创业事例只是广大警校毕业生中的一个缩影，充分地表明警务化管理不仅是警察职业素质的需要，也是为社会大众创业、万众创新输送优质人才的需要，对同学们的成长成才起着重要的作用。

最后，警务化管理还是学院实现特色化发展的重要途径。警校是一所培养预备警官和法律工作者的院校，以人文塑造为基础，以警察职业的养成教育为核心，以就业能力培养为导向，主要锻造高素质技能型专业人才。学院在培养塑造高等教育人才的过程中，始终坚持政治建校、从严治警、从严治校的方针，突出忠诚警魂培育，强化纪律作风养成，培养学生令行禁止、英勇顽强、团结协作、无私奉献的警察职业精神。学院在建设发展过程中，往往会把"警务化管理"作为学生管理的特色及培养特点向社会推荐，由于曾经光荣的预备警察身份和所经受过的严格警务化管理，从我们学院毕业的学生往往比普通高校的同学政治品格更为过硬，思想品德更为端正，更有纪律意识，更能吃苦耐劳，更能脚踏实地去完成工作，在当下略显浮躁的就业环境中，这无疑是璀璨的闪光点。基于此，从我们学院毕业的学生更受就业市场的青睐，可谓是"聚是一团火，散是满天星"。在接受教育主管部门的人才培养工作水平评估时，评估专家们都会予以高度评价，特别肯定和鼓励"警学结合、突出技能、服务强警战略"的人才培养特色。我们必须明确，学院所实行的这一套严格的管理制度——警务化管理制度，正是学院"全面推进素质教育"的特点，也是与其他普通高校不同的地方。它既是学院培养高技能型专门人才的优势，也是学院实现特色化发展的重要途径。

所以说，我们学院对学生实行警务化管理，既是个人成长成才的需要，也是学院长远发展的需要，更是满足党和国家事业发展的要求。

最后，祝你学习生活愉快！

老师：谢锋

九月二十日

第三封信　为什么有同学不理解
警务化管理?

亲爱的佳玲同学:

　　你好! 上次跟你谈了我们实行警务化管理的重要意义, 这次我想跟你谈谈在警务化管理过程中你可能会遇到的问题和困惑。这二十余年的教学实践过程中, 同学们时常主动找我聊天, 我发现有些同学对警务化管理还是不理解, 对警院生活不太适应, 个别同学产生抱怨情绪和抵触心理, 在此提前跟你打个 "预防针", 希望你能做好适应警务化管理的心理准备, 切实增强警务化管理的适应性, 能够更好地融入警校的学习生活。

　　在同学们中对警务化管理不理解、不认同, 主要有两种最突出的表现。

　　一种表现是对警务化管理产生抱怨情绪。看看你周围的同学, 你肯定看到听到了这样一些抱怨:

　　"为什么被子一定要叠成豆腐块呢?" 有的同学认为没有必要把经常穿的鞋子统一放在床下, 而且必须摆放成一条水平线; 有的同学认为应该像其他普通高校一样, 可以随心所欲地布置自己的宿舍没必要进行严格的内务检查。

　　"我们是来上大学的, 课前集队和队列训练有必要吗?" 对统一作息有抱怨。有的同学因为每天需要早操晨跑、整理内务、课前集队和队列训练嫌烦；有的同学抱怨警务化管理规矩比较多，自由支配的时间比较少。

"为什么不能把自己打扮得美美的?"对严格的警容风纪要求有意见。有的同学认为课后应该可以穿各种好看的衣服，随心所欲地打扮自己，没有必要整天都统一穿着警用服装。

"课余时间为什么还不自由?"对严格的请销假制度有抵触。有的同学认为封闭式的警务化管理导致他们跟外界接触少了，希望像其他高校一样自由进出校门，不用整理内务，不用集队，自习课想干什么就干什么，可以自由决定是否早操跑步等。

还有一种表现是对警务化管理存在抵触心理，表现为各种违反警务化管理规定的行为：

在警容风纪方面存在违纪行为。比如，在校学习、训练、集体生活时，不配套穿着警服，不同制式警服混穿，不按规范佩戴警衔标志，不同季节的服装混穿或不同质地的服装混穿，甚至有的同学警便服混穿；有的同学头发不按时修剪，胡子也不按要求剃剪；有的同学不按要求保持仪容整洁端庄，不执行规范的礼仪要求。

在内务管理上有抵触行为。有的同学不按要求整理内务，不按规定摆放个人物品；有的同学不去认真学习提高叠被子的技能，为了省事，叠好的被子放在一边应付内务检查，睡觉时另用家里带来的被子。

为什么有些同学会对警务化管理有这样的抱怨和抵触?我今天和你分析一下原因，以便你积极面对日常学习生活中出现的困惑，更好地适应学院警务化管理制度。我认为同学们在遵守警务化管理过程中存在的问题，其根源既有同学们学习成长环境和自身发展规划的因素影响，也有同学们缺乏警校学习生活规划等因素的影响。

一方面，学习成长环境让部分同学难以适应警务化管理。追根溯源，从同学们学习成长的背景中，我们可以找出一些原因来。一是个别同学在既往学习、生活期间形成的性格特征难以适应警务化管理。在我国教育发展过程中，每个学习阶段的学校管理方式及老师管理方法不同，对同学们的教育结果也就不一样，也有的同学本身性格特征就是自由散漫、活跃不羁。因此，一些带着之前具有"调皮""散漫"习性的同学来到学院，难免适应不了严格的管理规定，对警务化管理产生抵触抱怨情绪。二是个别同学主体意识转变滞后、自理能力低导致不适应警务化管理。一些同学成长过程中缺少必要的生活锻炼，比如，洗衣服、做家务、整理个人物品等事务，导致成长过程中的主体意识欠缺，缺乏独立性和自主性，缺乏克服困难的坚毅品格，适应环境的应变能力差，不能独立生活，更难适应警务化的规范生活。因此，当来到学院开始独立生活时，需要自己整理内务就会倍感不适应，对严格的警务化管理必然抵触，甚至反其道而行之。三是个别同学缺乏吃苦耐劳精神，意志力不强，难以适应警务化管理。在"应试教育"指挥棒引导下，同学们成长过程中的学习压力很大，普遍存在只关注学习成绩的好坏，而不注重培育自身综合素质的现象。特别是一些独生子女自小受到长辈的宠爱，自理能力差，意志力不强，吃苦精神不够。因此，面对学院严格的管理、高强度的训练时，这些同学明显吃不消，进而产生抵触情绪。四是个别同学缺乏对警务化管理的了解，没办法达到警务化管理教育预期的效果。步入学院前，一些同学对学院严格的警务化管理以及高强度的训练缺乏了解，没有对严格的警务化管理形成理性的心理预期，导致部分同学对警务化管理产生抵触情绪。

另一方面，自身发展的期望落差令部分同学抗拒警务化管理。我认为，从同学们自身发展的实际也可以找出原因。一是部分同学盲目填报志愿，入读警校并非自己所愿。一些同学填报志愿前缺乏对学院基本情况的了解，特别是对学院人才培养方式和目标缺乏了解，对自己的学习生活以及将来的职业发展缺少规划，糊里糊涂进了学院，对未来的发展一片茫然，面对严格的警务化管理产生焦虑、紧张的心理。二是错误认为严格的警务化管理限制了人的自由行为，无法实现多元化发展。一些同学受"玩命的中学，快乐的大学"这种不正确观念的影响，以为在中学期间学习已经够累，希望大学期间能够轻松度过，并且能够做一些自己喜欢的事情。然而现实很"骨感"，同学们只能在有限的时空里做自己的事，从而错误地认为严格的警务化管理不但限制了人的自由发挥空间，而且无法实现多元发展，因此，对警务化管理产生抵触情绪，难以融入警校生活。三是受到其他外界因素干扰，不安于严格的警务化管理。一些同学了解到其他普通高校的学生管理方式后，对比自己枯燥的警务化管理模式，很容易产生失落感，很快滋生抵制情绪。四是受到就业因素影响，在学院期间情绪波动大。一些同学带着当警察的梦想报读学院，当来到学院发现进校未必入警时，立刻产生极大落差，一时难以接受现实，产生强烈的抵触情绪。

此外，部分同学们对于大学的生涯缺乏规划。据我所了解，一些同学来到学院后，没能很好地规划学习生活，以至于不配合警务化管理，主要体现在：一是未树立人生奋斗目标。个别同学从高中毕业来到学院后，以为自己进入了警队"保险箱"，忽视了仍然需要靠自己的努力，仍需通过公务员考试才能进入警队的现实。在不能静下心来学习、被动接受警务化管理的情况下，尤其显得浮躁不安，甚至违纪。二是自身的心理承受力不够。一些同学在执行集队、整理内务、队列训练和着装等规定中，没有做好被扣分了，一下子就形成了抵触心理。三是缺乏独立思考。对严格的警务化管理，缺乏自己独立的思考，人云亦云，不理解警务化管理制度。四是缺乏有益社交。一些同学来到学院后，业余时间沉迷于玩游戏、追星、刷剧等，没有在现实中结交朋友，没有从周边的优秀同学中汲取正能量，集体荣誉感不强，表现出孤僻的行为举止，对遵守警务化管理表现出无所谓的心态。五是自身职业发展方向与警务化管理内容存在偏差。一部分同学的职业理想不是当警察，认为没有必要天天搞这些集队、训练、警容风纪、内务整理等。六是没有或较少参加集体活动。一些同学没有主动参加各级学生干部工作或者参加各种社团活动，没能让自己在集体活动中得到充实，在"枯燥乏味"中度过学院的学习生活，势必会对严格的警务化管理产生厌倦。

　　佳玲,以上是我从日常教学工作实践中了解的一些情况,结合你自己的实际情况,你要做好"预警",有目的地去克服自己可能存在的问题,做好自己在学院的学习计划,规划好自己的人生,这样才不会虚度警院生活。

　　最后,祝你生活愉快,心想事成!

老师:谢锋

九月二十四日

第四封信　如何适应警务化管理？

亲爱的佳玲同学：

　　你好！前面跟你说了很多，是想让你了解学院实施警务化管理的目标要求和重要意义，分析了同学们在警务化管理过程中容易出现的违纪问题及产生原因，目的是要让你认真遵守好学院的警务化管理制度，能够顺利适应严肃而又充实的警院学习生活。今天，我再跟你聊聊如何适应警务化管理。

　　佳玲，我们先要理解警务化管理带给我们的诸多益处，才能从内心深处接受警务化管理制度，接下来我们首先要做的就是摸清警务化管理的规律，提高警务化管理的适应性。作为纪律部队的警察队伍，"服从管理、听从指挥"是职责所在。作为广司警的学生，我们必须认识到学院在执行警务化管理教育中很有针对性，对于不同年级的同学选择不同的教学内容，有层次、有重点地进行培养。比如，对新进的同学，通过思政教育、通识教育、行为规范教育、专业知识教育，使同学们具备作为学警的基本素质、良好思想道德规范，掌握基础理论知识和职业技能，使其逐步完成由普通学生向警院学生的身份转变；对于大二的同学，重点推进专业知识和职业技能的培养，通过系统的专业课安排和严格的警体技能训练，使同学们理论知识更为扎实，专业技能更为过硬，因为这才是同学们走向工作岗位后的安身立命之本，这也使得同学们不断向准警察的身份靠近。对即将毕业的同学，学院把重点放在思政教育和就业实践导向的培养上，目的是使其在走上岗位后能践行人民警察的职责使命，能运用在学校学得的知识和养成的本领，切实解决人民群众遇到的问题，能真正成长为合格的、敢于担当的人民警察。

佳玲，整个教育培养过程中，"严"是贯彻始终的，而这并不是没有意义的。曾经有一位老警察说过，衡量一名新警做事认真程度和工作作风如何，不用看别的，只要看看他平时被子叠得怎样就可以了。如果被子叠得歪歪扭扭、皱皱巴巴的，反映出这个人的精神状态多半是松松垮垮、懒懒散散的；如果被子能够整理得有棱有角，表明这个人干起事来也一丝不苟、有板有眼。"一屋不扫何以扫天下"，认清警务化管理的这些规律后，我们要从日常的学习生活中的点滴做起，不仅仅是叠被子，在警务化管理的其他方面也是同样如此的，要在各个方面做到精益求精，不断让自己养成良好的作风，全面提高警务化管理适应性，最终培养出自己受益终生的良好习惯。

同时，要注重纪律观念养成，自觉接受监督。佳玲，从我们穿上警服的那一刻起，我们就代表了警察队伍的形象，我们就不能给警察队伍抹黑，因此我们必须接受监督。同学们行为习惯规范的养成不仅靠老师、队长和学生干部认真落实岗位职责，执行好警务化管理制度，更重要的是靠同学们自觉严格遵守警务化管理的规章制度。所有警校都有自己的一套完整的警务化管理工作体系，即以学生处牵头，各二级学院或系（部）负责，大（中、区）队、学院团委等管理教育职能部门具体落实的工作体系，这种体系能够实现科学分工、职责分明，并建立学生管理、教学科研、后勤服务"三位一体"的协同工作机制，让更多的老师共同参与学生管理教育，充分发挥教书育人、管理育人、服务育人的整体功能。这套管理体系也规定了管理者和被管理者在一定情况下，应该做什么，必须做什么，可以做什么，不准做什么。规定了各级管理者和被管理者的职责、权利和义务。佳玲，作为学生，应当了解警务化管理相关工作模式，切实从我做起、从实际行动做起，增强纪律观念，形成适应被管理的意识，自觉接受老师的管理教育和同学们的监督互助，在违反警务化管理规定时及时纠正，养成良好的遵纪守规意识，严格遵守各项纪律，坚决执行纪律规定，以铁的纪律养成钢铁般的意志。

佳玲，在警务化管理过程中，还要不断增强自身的心理素质，要学会自我调节，在警务化管理氛围中快乐生活。一个人无论从事什么职业，首先要对所从事的职业感到热爱，对之愿意努力、奉献，并饱含忠诚。职业心理素质是人民警察素质的重要内容，职业心理素质的提高，对于提高人民警察的素质具有重要意义。佳玲，作为警校的学生，我们必须具备良好的心理素质，具备积极向上的心态。如何才能培养良好的心理素质呢？首先要找准自身的定位，定好自己的发展目标；其次要保持良好心态，多与良师益友交流，让自己变得身心健康；三是理性对待各种非议，勇于在挫折中锻炼，激发自己的正能量；四是坦然面对各种得失，相信自己通过努力追求，能够用智慧和汗水创造未来。同时，积极参与学院、大、中队开设的各种心理健康专题辅导，通过参与讲座报告、阅读相关知识，有意识有目的地培养自己良好的心理适应能力和情绪调控能力。面对特殊情境时，在自我无法调节心态时，积极接受"学生心理辅导中心"老师的指导，通过心理咨询电话、心理信箱、单独咨询等方式，主动与老师沟通，调查分析自己的心理状况及问题产生的原因，通过有效措施缓解自己的心理危机，进一步改善自己的心理健康水平，提高自我调节能力，让我们在警务化管理中快乐生活。

佳玲，学习与训练也是警务化管理的重要内容。作为一名学警，专业知识和职业技能是我们走向社会后的安身立命之本，因此要加强专业知识学习和专业技能训练，不断提升综合素质。新时代对警察专业知识和实战技能的要求越来越高，对学院培养专业人才的要求也越来越高。学院对你们的严格要求是为了更好地契合警察职业教育的要求，学院坚持"练为战""学为用"的培养思路，加大专业知识的教学投入，开辟多元教学方法，强化警体技能训练，提高身体素质，紧扣警务一线特点，提升在新时代条件下的执勤和处置突发事件的技术能力。

佳玲，我们要走出校园，到实践中检验课堂学到的理论，向实际工作中的榜样学习。比如，我们可以经常参加学院、系（部）组织的社会治安防控、大型活动安保等各种社会实践活动，强化参与社会管理建设的责任意识，不断促进专业技能走向实践，使我们作为学警的专业素质得到提升。渐渐地，我们会发现自己正逐步摆脱身上那个青春校园学生的青涩，开始以一个人民警察的身份去思考、认识和对待工作，静静的用心去看、去思考工作生活上遇到的各种问题与矛盾。也许我们处理问题的能力和业务知识都还有待提高，但是在这种与学校截然不同的氛围和对从未经历过也从未想到过的事情处理过程中，却是实实在在的会开拓我们的眼界视野。通过实实在在的"学"与"练"，我们会增强遵守警务化管理的自觉性，消除在警务化管理中的"倦怠"感，减少在警务化管理中的困惑，提升对警察职业的自豪感，促进警察职业素质和职业能力的共同发展。

佳玲，我建议你要多多投身于校园业余生活，力争多元化发展。良好的环境有利于培养积极的情绪以及营造融洽的人文氛围。学院作为警察类院校，警务化管理把培养警察品质所具有的共性放在首位，既注重整体管理需要，积极培养同学们的思想作风、纪律作风和业务技能，也会考虑同学们个性化发展的问题，绝不会以压抑个性化的发展为代价。在个性发展方面，学院出台了不少措施。比如，学院会经常组织社会实践活动，指导成立各种社团组织，举办常规性校园文体活动，就是为了促进同学们的个性化发展，希望你能积极参与。佳玲，我们要学会发现自己个性特长，清醒地认识自己的优缺点及在学业、职业上的兴趣点，以便于发展自己的优势项目，补齐自己的短板，制定好自己未来的发展规划，促进自己接受警务化管理的自觉性。我们可以积极参加学院、系（部）或班级组织的运动会、队列训练、擒拿格斗、散打等比赛，通过丰富的业余体育竞赛活动扩展自己的心理弹性，锻炼自己承受挫折的能力；也可以参加学院各级社团组织的志愿者活动、警乐团表演、歌手比赛、书法展览等各种文艺或社会活动，让我们的个性尽情发展，不断施展和提高才华，为我们的警院生活增添情趣和色彩，基于此，我们在校园中就会心情舒畅、生活充实，紧张的情绪也会得到舒缓。

可以说，大家庭里的活动是很多的，只要同学们结合自身的特长和需要去积极参与，总有一些活动是适合自己的。学院为同学们的个性发展创造了空间，提供了舞台，在这个温暖的大家庭里每个同学都可以努力挖掘出自己的人生乐趣。

最后呢，我希望你要积极向先进典型学习。在学校的学习过程中，我们难免会对未来产生迷惘，这个时候我们一定要学习那些优秀的师哥师姐或者同学他们所取得的成绩，那会成为我们的指路明灯。我们经常通过宣传栏、广播、专题晚会、各种网络平台等形式看到或听到学院对人才培养工作取得的成效，能够了解到师哥师姐们毕业后或者同学们在实习期间积极参与平安社会建设的先进事迹。比如，部分同学利用假期在火车站协助警察执勤，在短短的十几天时间里，他们凭借在警校训练练就的职业敏感，协助警方抓获通缉犯。他们严整的警容风纪，明察秋毫的洞察力以及敏锐机智的快速反应能力得到铁路公安部门的高度赞扬。作为其中的一员，我们要以为此类先进事迹为荣，主动对标他们身上所表现出的思想素质过硬、工作作风干练和团队协作意识强的品质，提升作为广司警学子的荣誉感。

警察职业的实际需要是学院对同学们实施警务化管理的理由和动力，也是警务化管理的价值体现。在警务化管理过程中，需要同学们的理解支持和积极的配合。从根本上说，同学们参与警务化管理的目标，能切实提高同学们的本领，做到"文能办案，武能擒敌"，确保将来胜任警察岗位各项任务，切实培养符合政法工作需要、满足新时代要求的复合型政法人才。

我一口气说了那么多，希望对你有所帮助。

最后，祝你生活愉快，学习进步！

老师：谢锋

九月三十日

大学生如何处理好人际关系

第一封信　读大学为什么还要搞好人际关系？

亲爱的刘敏同学：

　　你好！刘敏，十二年寒窗苦读，终于换来了进入大学的通行证，你带着雀跃的心情，心潮澎湃地踏进大学校门。从你走进大学校园这个大团体、小社会那天起，就已经开始为迈入社会做准备了，也可以说大学生活就是为你们能更好地立足社会打基础、做准备的。在这芳草鲜美、落英缤纷的校园里，同学们如饥似渴地汲取知识的养分。同时，也要培养自己各方面的能力，比如：创新思维，人际交往，学习和自立能力……其中人际交往能力就是非常重要的一种能力。因为每个人都不是生活在孤岛上的，人与人、人与社会的交往是任何人都不能回避的。

　　上次课后在路上碰见我的时候你问我，上大学不就是来读书的吗，为什么还要搞好人际关系呢？如果那样做的话，会不会占用许多学习的时间？好吧，我今天就和你谈一谈什么是人际关系，在大学里人际关系有多么的重要。

　　我们先来谈谈什么是人际关系。你可能会说，这我还不知道，不就是人和人的交往吗？作为一名大学生如果在这个层面上来理解人际关系，就显得有些肤浅了，听我仔细给你解释一下。

　　人际关系是人们在面对面的交往过程中形成的，个体可切实感受到它的存在，没有直接的接触和交往不会产生人际关系。人际关系是社会关系的一个侧面，其外延很广，包括朋友关系、夫妻关系、亲子关系、同学关系、师生关系、同志关系，等等。它由生产关系所决定，受到政治关系的制约，是一种最基本的社会关系；同时，它又渗透到社会关系的各个方面之中，是社会关系的"横断面"因而又反过来影响社会关系。

人际关系是在认知、情感和行为三种心理因素的作用下形成的。认知包括对他人和自我的认识，是人际知觉的结果。情感是指交往双方相互间的在情绪上的好恶程度及对交往现状的满意程度，还包括情绪的敏感性及对他人、对自我成功感的评价态度，等等。行为因素主要包括活动的结果、行为和举止的风度、表情、手势以及言语等。

在这三个因素中，情感因素起着主导作用，制约着人际关系的亲密程度、深浅程度和稳定程度。人际关系的基础是人们彼此间的情感活动，情感因素是人际关系的主要成分，人际间的情感倾向有两类，一类是使彼此接近和相互吸引的情感，另一类是使人们互相排斥分离的情感，人们在心理上的距离趋近，个体会感到心情舒畅，如若有矛盾和冲突，则会感到孤立和抑郁。因此，情感上的相互依存关系是人际关系的重要特征。这也是我们往往用"患难见真情"来形容友谊宝贵的原因所在。

社会心理学家舒兹认为每一个人都需要他人，因而每个人都需要与人交往，要具有一定的人际交往关系网，也就是我们常说的"朋友圈"。他认为人际交往的需求有三类，首先是感情需求，每个人都渴望爱别人和被别人爱；再就是包容需求，它是三大需求的基础，即希望与他人来往、结交、想跟他人建立并维持和谐的关系；第三类是支配需求，指控制别人和被别人控制的需求。

大学生虽然还没有走上工作岗位，但在人际关系方面已经具有社会性，同样需要满足以上三类需求。人是一种社会动物，所以人际交往也是每个人一生的必修课，不论你是否接受这个设定，我们现在的生活都是脱离不开与其他人的关系，所以处理好人际关系还是很有必要的。

你看，人与人之间的交往并不是像我们日常所理解的那么简单，其中包含了很多道理。

再回到我们大学生的人际关系，我们可以分为两个层面，如果从校园生活的角度来看，大学生的人际关系仅仅指我们在学校里面建立和发展的人际关系，主要包括同学之间的关系和学生与老师之间的关系；如果从社会生活角度来看，大学生人际关系是指我们在校学习、生活期间与他人建立和发展起来的各种人际关系的总和，不仅包括在学校内与同学、老师结成的人际关系，还包括在家庭中与家庭成员结成的人际关系，在校外与社会人员结成的人际关系，等等。

刘敏同学，你和你的同学是怎么看待人际关系的？是不是都能意识到人际交往的重要性呢？老师这里有一组数据，也许能够说明当前大学生对人际关系重要性的认识状况。根据有关调查，认为人际关系情况与个人成长成才"很有关系"的只占60.7%，认为"有一点关系"的高达37.1%。数据足以表明大学生对人际交往的重要性没有足够的重视。

那么，为什么处理好人际关系对大学生来说非常重要？我觉得体现在这样几个方面，你看看是不是有道理。

首先，良好的人际关系会有益于大学生的心理健康。处于青年期的大学生，思想活跃、感情丰富，人际交往的需要极为强烈，人人都渴望真诚友爱，大家都力图通过人际交往获得友谊，满足自己物质和精神上的需要。但面对新的环境、新的对象和紧张的学习生活，一部分同学产生了心理不适应甚至引发心理危机事件。此时，积极的人际交往，良好的人际关系，可以使人精神愉快，情绪饱满，充满信心，保持乐观的人生态度。一般说来，具有良好人际关系的同学，大都能保持开朗的性格，热情乐观的品质，从而正确认识、对待各种现实问题，化解学习、生活中的各种矛盾，形成积极向上的优秀品质，迅速适应大学生活。相反，如果缺乏积极的人际交往，不能正确地对待自己和别人，心胸狭隘，目光短浅，则容易形成精神上、心理上的巨大压力，难以化解心理危机。严重的还可能导致病态心理，如果得不到及时的疏导，可能形成恶性循环而严重影响身心健康。

其次，良好的人际关系是大学生成才的重要保证。除了通过课堂学习、社会实践获得新的知识外，人际交往也是获取知识增长才干的有效途径之一。课堂上，与同学、老师进行沟通、交流，可以更好地掌握新知识，课下通过与身边的同学、朋友交往，相互传递信息和交流自己的学习成果，拓宽知识面。另外，我们也可以利用课外时间，与校园外的其他社会主体进行人际交往，从不同的人身上学到不同的知识，有利于同学们丰富社会经验，增长知识，开阔眼界。比如，一些社团的学生经常会在外面拉赞助，在拉赞助的过程中，同学们可以学习到更多与人交往的技巧，学会更加巧妙地说服别人；同时，在这一过程中，我们可以接触到不同性格、不同行业的人，避免学生接触群体的单一性，为将来实现自身成功奠定坚实的软实力。同学们在与人接触的过程中，除了学到很多课堂之外的知识，还可能通过人际交往拓宽自身的人脉圈，可以获得更多的实践机会，结识更多有能力的人，通过与他们的交往，才能更深刻地认识自我，知晓自身的优点和不足，并通过自身努力不断提高个人实力，这样更加有利于同学们将来的成才。

最后，良好的人际关系还能丰富大学生的精神生活。大学生情感丰富，在紧张的学习之余，需要进行相互间的情感交流，一起讨论理想、人生，诉说喜怒哀乐。人际交往正是实现这一愿望的最好方式。通过人际交往，可以满足大学生对友谊、归属、安全的需要，可以更深刻、更生动地体会到自己在集体中的价值，并产生对集体和他人的亲密感和依恋之情，从而获得充实的、愉快的精神生活，促进身心健康精神愉悦。

以上是我对大学生建立良好的人际关系重要性的一点想法，希望能给你一些启发。如还有什么困惑，欢迎继续与老师交流！

此致
学业顺利！

老师：陈昊

九月二十日

第二封信　大学生的人际交往与一般的人际交往有什么不一样？

刘敏同学：

　　你好！今天在课堂上你提了一个很好的问题：我们大学生的人际交往与一般的人际交往有什么不同？这说明你不仅认识到了在校学习期间处理好人际关系的重要性，还希望把握好校园里人际关系的特点，而这正是我们处理好人际关系所必需的。考虑到你提出的问题不是简单的三言两语就可以回答的，我回来思考了一下，决定还是给你回一封信吧，这样可以给你一个比较全面的解答。

　　不知你是否观察到，你们同学之间往往因为有共同的兴趣、爱好、特长、话题，等等，自觉或不自觉地结成一对对好朋友。

　　其实，大部分同学都有建立良好人际关系的强烈愿望。大学生青春期的年龄特点决定了你们有着强烈的交往意愿。从主观方面说，随着大学生生理和心理上的逐渐成熟，再加上你们有充沛的精力、广泛的兴趣爱好，思想活跃，感情丰富，对人际交往的需求尤其强烈。同学们大都渴望了解身边的同学、朋友，期待更深入了解生活于其中的社会。同时，也希望能够通过自身的良好表现，在与其他人交往过程中得到他人的理解、尊重和认可，进一步证明个人价值和社会价值。另外，警校生的求知欲很强，除了自身通过课堂学习、网络搜索、书籍借阅等途径获得新知之外，又渴望通过扩大自己的人际交往面来获取自己更加丰富的有用信息。从客观方面说，大学生迈入了大学校门，周边的生活环境立刻发生了翻天覆地的变化，面对的是与陌生人的交往问题，同学们会积极试探着与陌生人接触，希望尽快摆脱对陌生环境的不适应。

以上这些因素综合在一起使得大学生交往的意愿大大增强，形成了大学生人际交往的三个特点：一是心理依赖性强。你们渴望尽快与身边的同学、老师通过彼此的交往建立友好的人际关系，以寻求一种心理上的依赖感和归属感。二是情感寄托性强。你们希望通过人际交往去认识他人，获得友情和爱情，满足自身情感和物质上的需要。三是精神交往性强。你们希望通过与别人的接触丰富自己的生活，提高自己的生活质量，并且在与他人交往中树立自己的人格品行、获得他人认可。随着年龄的逐步增长、自身生活空间的拓展以及社会阅历的逐渐增加，交往的需求愈发强烈。

我们知道，社会中人与人的交往追求各不相同，有的追求平淡，有的追求利益，有的追求旗鼓相当，有的追求高高在上，等等，无法一一列举。那么，大学生在交往中最看重的是什么呢？

一是平等。在大学生交往中，追求自主与平等的占比最大。平等是人和人之间的一种对等关系。人们之间的平等是指精神上的互相尊重，而非物质上的相等。大学生的人际交往也不例外，同学们渴望和他人平等交往，体现其独立的人格，因此在人际交往中更加注重追求精神上、思想上和态度上的平等。与同学间的平等交往、以诚相见，充分体现了同学们在人际交往中对人格独立和个性自由的追求。

二是自主。大学生人际关系最突出的特点就是自主意识增强，会充分发挥主观能动性，根据自己的兴趣，去认识、了解他人，自主地选择交往对象，喜欢按照自己的方式和标准来选择交往对象。随着大学生接触社会的机会不断增多，交际面也不断得到拓展，在交往过程中，拥有更高的自由度。这种追求自主的交往，虽然会增加同学们人际交往的机会，但是也可能会在一定程度上造成人际关系的表面化，交往对象数量多，质量却不高。我这样说，并非对年轻人有偏见，随着你们年龄和阅历的增长，自己会对交往对象进行调整和改变。

三是开放。当代社会，大学生交往方式日益多样化。大部分同学在交往中，除了交流学习、工作心得外，还经常与他人在一起探讨人生理想，传递各种各样的信息。同学们人际交往的价值观正发生着根本改变，你们当中，大部分具有开放的交友观念，渴望建立范围广、形式多样的人际关系。你们不仅积极主动地参加各种校内活动，并且勇敢走出校园、走进社会，不断拓展交往范围。随着当代科学技术的不断发展，同学们之间交往的内容和形式也不断发生变化。大家在学校里积极参加各种社会实践活动，交往范围也更加广泛。还有不容忽视的一点是同学们的交往对象不再局限于同性，你们与异性交往的意识越来越强烈，对异性交往的认同度不断增高，大学生在大学期间也更加倾向结交异性朋友，这也是人生成长过程中的正常现象。

四是媒介性。80年代摇滚歌星崔健曾经这样唱道："不是我不明白，这世界变化快。"变化是永远的主题。随着现代科学技术的快速发展，网络成了人们进行信息传播的新方式，大学生人人配有手机，拥有电脑、平板的也不在少数，这些成为你们生活、学习不可缺少的组成部分。现代化通信工具的普及，也方便了同学们的相互交流和沟通。大家通过短信、聊天软件与同学、朋友进行联系，通过电子邮件进行书信来往，同学们活跃在各种形式的网络场所。现在大学里每个班级都会建立属于自己班级的QQ群，班级有重要通知都会发在群里，老师发的课程资料也可以在群共享或微信群里面下载；同学们通过QQ空间就可以知道同学、朋友、家人最近的心情和生活状况；与远方的朋友进行视频通话或者通过微信语音进行情感交流。另外，同学们还喜欢在微博上发表自己的状态，表达对当今热点事件的看法，与自己的博友进行交流。大学生作为时代潮流的追赶者，你们的交往方式呈现出了明显的现代化特点。

当代大学生是朝气蓬勃的一代，在人际关系方面具有鲜明的特点和时代印记。那么，你们在交往中存不存在不足和问题需要引起重视呢？

我想，这也是肯定的。下面是我梳理的几条：

比如，师生关系淡漠。同学们在大学校园里的身份是学生，你们接触最多的除了自己的同学，还有言传身教的老师们。老师是同学们在校期间最重要的交往对象之一，也是学生学习模仿的主要对象。学生与老师之间关系的好坏直接影响到老师教学目标的实现和学生对新知识的学习及吸收，同时也会影响到学生价值观的形成。一般来讲，师生之间心理距离小，相互易接受。教师尽心尽责、无私奉献，对自己的学生犹如父母般爱护与关心，学生对自己的教师也充满了敬重和感激之情。两者的关系是非常和谐融洽的。然而，大学教师除了上课，还有比较繁重的学术研究任务，与学生接触时间较少；另外，大学老师的授课方式一般流动性较强，老师与学生之间的沟通和交流也较少；加上我国高校的大幅度扩招，大学招生人数直线上升，高校的师资力量较为紧张，这导致老师与学生之间上课的交流次数和机会减少，课外的交往时间也减少，相互之间无法在交往中进行知识和情感上的交流与互动。有调查显示，甚至有 24.3% 的学生回答"从没和老师交流过"；15% 大学生表示与老师的关系亲密或较亲密，大部分感觉一般；19.5% 的学生与老师关系疏远。大部分大学生主观上期待与老师建立知心朋友式关系，但是在一项调查中，当被问及"当老师生病的时候是否会主动看望"时仅 53.5% 选择肯定回答；22% 的学生表示在路上见到老师会绕道行走，以避免与其打招呼；当被问及除了学习之外还会跟老师交流什么时，交流的主题一般仅限于学习或工作。这种现象也说明了同学们在人际交往过程中，还存在着一定的心理障碍。

还有，关于过分功利性的人际交往。我国心理学家研究发现，人们的价值观会影响你们的人际交往。看重情感价值的人，重情谊、轻物质，人际交往当中个人情感付出较多。与此相反，看重物质价值的人，看重物质利益，以物质来衡量人际交往的价值。以前的大学生把志趣相投、阅历相似作为自己交友的主要考虑因素，重感情而不重金钱、地位等。随着我国市场经济的快速发展，国外各种自由思想不断传入，大学生的价值观取向呈现出多元化的趋势，交友观也发生了很大的变化。华东政法学院团委在沪高校中开展了一项新形势下大学生人际关系状况的抽样调查。调查结果显示：大学生拜金主义、功利主义等心态呈现出不断上升的趋势。逾两成的大学生择友主要看对方的消费水平，另外还有许多大学生会综合考虑交往对象的出生地、生活地以及家庭背景等方面。大多数大学生思想比较单纯，交朋友并不是为了金钱，更多的是希望义利并重。但是大学生处于价值观的形成阶段，思考问题还不成熟，在现实生活中，把握不好义和利的尺度，容易顾此失彼。一部分大学生在交往中的过于功利化极易扭曲人与人之间的关系，导致同学之间关系的庸俗化，这样同学之间很难成为真正的朋友。

此外，同寝室学生人际关系不和谐。国内的一些高校心理咨询中心数据显示，大约有70%的大学生经常咨询宿舍的人际关系问题。宿舍是大学生主要的生活场所之一，大学宿舍如同自己的家一样，大学生百分之三十左右的时间都在宿舍度过。和室友的接触频繁，接触的距离很近，接触的时间也比较长，寝室舍友之间的人际关系出现一些问题，是大学生在人际交往过程中不可避免的。同学们来自五湖四海，生活习惯、家庭背景、观念、性格以及价值观等都可能成为矛盾起源。大学生情绪波动大，易冲动，相互间关系一旦处理不好，就容易发生矛盾。比如，2013年发生的被大众广泛关注的复旦大学投毒案。复旦大学医学院2010级硕士研究生林森浩因生活琐事与室友黄洋发生矛盾，将剧毒化合物投入宿舍饮水机，黄洋饮水后抢救无效死亡。复旦大学投毒案刚刚结束，南京航空航天大学金城学院随后也上演了一起令人吃惊的大学生"同室操戈"惨剧。网友纷纷感叹："惹谁不要惹室友""真心感谢我所有曾经的同学们，谢谢你们的不杀之恩""防火防盗防舍友""感谢同学不杀之恩"的网络流行语被网友纷纷转发。这当然是比较极端的两个事件，但也说明尽管引发舍友之间人际关系紧张的往往是一些生活琐事，一旦处理不好的话，会引发矛盾的激化，甚至会酿成大祸而自毁前程！

沉溺于网络交友。网络是一把双刃剑。它极大地改变了我们的生活、学习、人际交往方式，其中有利有弊。我们大学生当中就有相当一部分沉溺于网络而不自知。近年来中国互联网普及率逐年攀升，截至 2021 年 6 月底中国互联网普及率达 71.60%，中国网民规模已破 10 亿，达到 10.11 亿人。从互联网应用使用情况来看，2021 年上半年中国即时通信用户规模为 98 330 万人；网络视频（含短视频）用户规模为 94 384 万人；短视频用户规模为 88 775 万人；网络游戏用户规模为 50 925 万人。根据国内一些学者的调查数据显示，大学生的上网率已经达到 89%。大学生的人际关系也受到网络极大的影响。几乎所有大学生都用 QQ、MSN、电子邮件、微博等网络交流软件，这些软件方便、经济，已经成为大学生交流和沟通的主要手段之一。同时，由于学习、生活和就业的压力，现实人际交往成本的上升让你们感到迷茫，网络给你们提供了缓解压力、回避现实的场所。数据显示，在上网的大学生中，大约有 78% 的学生沉迷于网络聊天和网络游戏。其中 55.6% 的学生认为通过网上聊天结交了新朋友，而 0.7% 的学生认为并没有在网络的虚拟环境下结交到朋友。近 50% 的大学生因使用网络和手机，导致和老师、同学、朋友面对面接触的时间减少了很多。高校里的很多大学生只要有空余时间，都会选择上网。一些大学生长时间沉迷于网络游戏、交友当中难以自拔，更有甚者因为上网时间过长，思维变得迟钝，表情冷漠、木讷，现实中与人交流困难。沉溺于网络交际对大学生现实中的人际交往造成了极大的危害。

为什么会出现上述问题呢？究其原因，老师觉得大概有以下几点，你可以对照身边同学看看是否有这些现象。

有的同学对自己考取的大学不满意。我们知道，影响高考成败的因素很多，智商、情商、运气、高考失误，等等，有同学却不愿接受这一事实。来到与理想落差较大的学校，心情低落沮丧，不愿敞开心扉去接纳他人，不积极参加各方面活动，日积月累，自己也不被他人接纳，不能融入集体。

有些同学以"我"为中心的思想过于严重。别人的帮助，他觉得理所当然，别人有点小错误，就大发雷霆，不接受别人的道歉，也不愿给别人道歉，不宽容、不理解他人，与同学难以相处。自己高兴时，说话眉飞色舞，兴致勃勃，让同学们当他听众；自己郁闷时，一言不发，郁郁寡欢，不理睬其他同学。这样"以自我为中心"的同学就很难被集体接纳，更难以建立起和谐的人际关系，缺少良好的人际关系，生活中就少了能够与自己分享喜怒哀乐的人。

还有，就是有的同学社会功利心太强，或忌妒心太重，这也会影响其与同学的交往。有个别同学受到社会一些阴暗面的影响，拜金主义思想太过强烈，看不起出身贫穷的同学导致交友局限，这样就很难找到真正的友谊；还有一些同学妒忌他人的成绩、特长或家世，在交流过程中，产生嫉妒、讨厌心理，却不能表现出来，这样内心长期处于压抑状态，心胸也不会宽广洒脱，自然而然，人际关系也不会太好。

此外，也有个别同学因为家庭条件、相貌、才能等因素而产生自卑心理，不愿主动与同学交流，说话畏畏缩缩，举止小心拘束，这些表现都会影响他在同学心目中的形象，从而影响他的交往范围。

以上我的分析，不知你是否认可？跟你聊了这么多，你对校园里的人际关系这个问题是不是有了自己的思考？希望我们以后多联系，你有任何困惑、想法都可以和我交流，这样我也可以更加全面地了解在你们年轻人当中出现的人际关系的新变化。

　　此致
学业顺利!

老师：陈昊

十月十五日

第三封信　在大学里怎么样才能交到知心的朋友？

刘敏同学：

　　你好！今天你给我打电话，和我谈了近期的困惑：你感觉自己对身边同学是真心的付出，却得不到同学的理解，甚至是误解，对此很烦恼。你不知如何改变这种现状，很希望在大学里交到真心朋友，想听听我的意见。我思考了一下，觉得用书信的形式给你回复比较好，一方面条理性强一些，另外一方面，也可以供你保存，在你感觉到困惑或者疑虑时再打开读一下，也许能给你一些启发。

　　刘敏，你能想象一个人如果离开了与其他人的交往，独自一个人将会怎样生活吗？这的确是难以想象的，因为人是社会的人，总是处在一定的社会生活关系中的。离开了社会生活，我们都很难界定他还是不是社会学意义上的"人"。所以我们说，有人存在，就必须与人交往。人际交往能力就是在一个团体、群体内的与他人和谐相处的能力。生活中我们看到，交往能力强的人，在生活中会更加顺利。有的同学在人际交往过程中不会用正确的方式与别人交流，直接影响了人际交往的质量，造成人际交往障碍。当我们走上社会的时候，我们会与各种各样的人物打交道，在与人交往中，你能否得到别人的支持、帮助，这与我们自身的人际交往能力有密切的关系。我以为，大学生在校学习期间，就要培养自己与同学、与教师、与领导，以及与在学校里工作的工人打交道的能力。与同学交谈，可以论争不同的学术观点，可以谈对社会现象的不同认识，在论辩中提高自己的思辨能力；与老师交谈，可以交流读书心得，理清不同的思想认识，可以从中受到启迪；与领导交谈，可以充分发表自己对问题的不同见解，也许可以锻炼自己在领导面前不怯场；与工人打交道，可以了解到他的工作状况和不同的心态。善于与人交际，你会从中学到很多书本上学不到的东西。提高人际交往能力，也是我们的"必修课"。那么，怎样才能与他人建立起良好的人际关系呢? 我觉得以下几个原则应当遵循：

一是真诚待人（这是最为重要的）。古人云："精诚所至，金石为开。"待人真诚，就是在与人交往中，实事求是，不弄虚作假，不口是心非，不坑人骗人，不搞阴谋诡计，言而有信，恪守诺言，说话算数。从古到今，人们历来把守信作为一个人立身处世之本，如孔子说过："人而无信，不知其可也。"（《论语·为政》）鲁迅说过："诚信为人之本也！诚心比金钱更具有吸引力，比美貌更具有可靠性，比荣誉更具有实效性。"人与人相处必须以诚相待，言而有信，才能使交往双方建立信任感，并结成深厚的友谊。

有些大学生做事不讲信用，基于攀比心理，胡乱吹嘘自己的实力。为了面子，根本不考虑自己的实力便答应朋友的各种要求，即使自己做不到也不会向朋友实事求是地讲明。久而久之，就会在朋友中留下不实在的印象，甚至会导致朋友的疏离。朋友之交，言而有信，大学生未来的职业特点更是要求我们在交往中应特别注重真诚，朋友间要说到做到，信守诺言，许诺别人的事就要履行，这是诚实信用原则的重要表现。

李嘉诚曾经说过："企业的发展，离不开诚信。"可见诚信在企业运转中是首要的，那么在我们人际交往中，真诚也是这么重要吗? 答案是肯定的。当今社会，一个人的前途和发展不仅取决于其工作能力，同时还要看其是否具有良好的思想品质和道德觉悟，是否在为人处世上诚实守信。只有诚恳老实的人，才能形成完备的自我，从而适应社会生活的要求。没有人愿意与不讲信用的人交往，只要欺骗别人一次，就会永远失去别人的信任，更谈不上别人对你的重用。若想成功，就应该不断地向别人证明自己是一个可靠的人，一个值得信赖的人。

真诚是友谊之树的阳光，有了诚信，友谊才之树可以茁壮成长。我们需要别人帮忙时，有没有说"请帮忙"？当我们因为自己的失误给别人造成麻烦时，有没有说"抱歉"或者"对不起"？当别人出现错误或者失误时，是和气的指出问题还是用恶劣的语气指责别人？每个人都不是一座孤岛。我们失落的时候需要别人的一句宽慰，我们做出一点成绩的时候需要别人的夸赞，我们开心兴奋的时候也需要他人的分享。善待身边的人，有时只是一个善意的眼神，一个竖起的大拇指，每个人都能这样做，那我们自己也将得到善待。互相猜忌、缺乏信任，永远不会交到朋友，得不到真正的友谊。因此，大学生要处理好人际关系就必须遵循真诚待人的原则。

二是主动热情。交朋友之前，我们不妨思考一下，自身有什么吸引别人的地方。小狗交朋友似乎非常容易，为什么有些人却很难交到朋友呢？

卡耐基曾经说过，小狗不需要明白任何心理学知识，单凭自己的热情和主动，就能和人类成为好朋友。而人往往做不到热情主动。不管是性格内敛还是害羞或是怕出丑，这些原因都是可以克服的，摆脱那副冷冰冰的面孔，换上灿烂的笑容，我们要发挥自己的魅力，积极主动地去和别人交谈，敢于展示自己，这样就会大大增加交到好朋友的概率。

性格比较外向的同学交友的确容易得多，要怎样才能打开内向同学的心扉呢？我们要做的就是要主动、热情地跟他们交流，我们要学会体会他们的心理变化，让他们感受我们的真诚，这样交流范围就更加广泛了。我们刚刚来到学校报到的时候，师兄师姐对于我们这群师弟师妹是敞开胸怀，热情欢迎我们加入学校的大家庭的，帮我们这帮"菜鸟"们答疑解惑，帮忙搬运笨重的行李，在无形当中，我们对他们就产生了好感，为什么呢？就是因为他们的积极、主动和热情打开了我们的心扉。所以，等我们到了大二、大三的时候也要像当初的师兄师姐那样热情对待师弟师妹。我们要想获得一段友谊，就要积极主动地去关心对方，把对方当作自己的亲人，彼此尊重，相互扶持。卡耐基曾说过："多年来，我都认真打听朋友的生日，当到朋友生日这天，我会写信或者发电报去祝他生日快乐，他们总是会很高兴。"你也可以去尝试一下，也许你会收获意想不到的效果！

三是宽容互谅。每个人都希望自己是一个有修养的人，那什么是最大的修养呢？就是宽容。所谓"严以律己，宽以待人"，我们待人要宽厚、要包容，不管别人待你好与不好，都能包容，这才是人生最大的修养。由于同学们的成长环境、个性特征各不相同，所以，在与人交往时，不要斤斤计较，要容忍别人的不足，学会宽容与谦让，求同存异。同学之间的相处是很单纯的，没有任何的利益冲突。大家相处时会产生许多矛盾，但大都是没有什么原则问题的小事情。例如，住在同一个集体宿舍的同学，不可能生活习惯完全相同，有些同学习惯早睡，而有些却喜欢聊到深夜；有些同学爱干净，而有些却喜欢乱丢乱扔。对于这种生活习惯不同、节奏不同拍的情况，就需要大家一起慢慢磨合。如果有人在提建议和要求时不能宽容相待，反而恶言相向，那么就会致使沟通受阻、误会加深，甚至发生冲突，导致人际关系僵化。

《论语·卫灵公》记载，有一次，子贡向孔子请教终身行事的准则时问道："有一言而可以终身行之者乎？"子曰："其恕乎！己所不欲，勿施于人。"孔子的这句话深刻体现了做人要严以律己、宽以待人。宽容与谦让历来是我国的传统美德，是设身处地为别人着想的表现。宽容是一个有信心、有坚定的意志、有远大目标和理想、开朗豁达的人具备的品格。宽容了别人就等于宽容了自己，是人生的一种境界。宽容谦让是一种美德，它能使一件复杂的事变得简单。在处理人际关系上，宽容谦让是化解矛盾的良方。很多时候谦虚一点、礼让一点，反而能够赢得别人的认同和尊重。对于我们过集体生活的大学生来说，宽容谦让原则尤其重要，因为同学们交往中的许多问题都是由于缺乏宽容造成的。在面对因误会、不理解而产生矛盾时，同学们要学会宽容与谦让，怀着一颗感恩的心来面对生活。所谓"知错能改，善莫大焉"，每个人都有可能犯这样或那样的错误，我们要用比蓝天更广阔的胸怀去包容彼此，将责怪变为鼓励、关心、问候，从而就可以增进彼此的友谊。

雨果说过："世界上最宽阔的是海洋，比海洋宽阔的是天空，比天空宽阔的是人的心灵。"我们的社会需要宽容与谦让，文明与进步需要宽容与谦让，同学们在人际交往中更需要宽容与谦让。

四是平等交往。平等原则是建立良好人际关系的前提，没有平等的待人观念，就不能建立良好的人际关系。心理学家研究表明：人都有交友和受人尊敬的需要，特别是青年人，交友和受尊重的愿望都非常强烈。他们渴望独立于父母成为家庭中和社会中真正的一员，人的这种需要就是平等的需要。

萧伯纳曾遇到过这样一件事。他在一次写作休息时，和邻居的小女孩一起玩耍。当送小女孩回家时，他对小女孩说："知道我是谁吗？回家告诉你妈妈，就说和你一起玩的是萧伯纳。"小女孩天真地回应说："知道我是谁吗？回家告诉你妈妈，就说和你一起玩的是克·佩丝莱娅。"这个故事告诉我们，无论人与人在性格、能力、背景、社会地位等方面多么的不同，但在与他人进行交往时，都要把双方放在平等的位置上，彼此尊重、平等交往。

对我们大学生来说，不论学习成绩优劣，家庭背景如何，能力如何，长相如何，都应得到同等的对待。有些大学生凭着自己家庭条件优越、学习成绩优异、长相好等，对其他同学态度傲慢，指手画脚，总是把自己的意志强加给别人，听不进异于自己的观点，瞧不起条件比自己差的人，总是觉得自己高人一等，不尊重他人，这样的人永远交不到知心朋友。古人云："爱人者人恒爱之，敬人者人恒敬之。"要想得到别人的尊重，首先要尊重别人，这样在交往中才能很好地沟通，才能形成人与人之间的良好人际关系。

以平等之心待人，用善良之举交往，才是真正的高贵。处世上平等，就是不把自己视作高高在上的人，而是放平眼界看人，放下身段交往，以凡人善举博得他人尊重。这样处世，对人的平视反而赢得仰视，低姿态却换得别人的高山仰止。在交流过程中，我们要不卑不亢，落落大方。遵守平等原则，将心比心。

五是自信大方。什么是自信？自信不是来自"他们会喜欢我"。自信是："就算他们不喜欢我，我也会很好。"一个人的自信和强大，完全不是靠模仿某个厉害的手段，或者是研究一种叫做"气场"的东西之后就会形成的。真正自信和强大，来自你的内心。人际交往也就是我们常说的社交即社会交往，我们深深地知道社交的重要性，却也逃不开对它的恐惧。"社交恐惧症"在现在生活中已是普遍存在的问题，对于绝大多数人来说，既然躲不掉，只能想办法战胜。

想要在人际交往中变得更加自信，其实没有技巧可言，但是我们可以从两个方面着手让自己变得自信起来：

第一，丰富拓展自己的知识面。社交中涉及最多的就是谈话。我们之所以会对社交感到恐惧，除了本身的抵触抗拒之外，无非就是对交流的内容不了解造成的胆怯，害怕和人在交流中产生矛盾。因此，在知识层面上多去丰富自身。培根在《谈读书》中写道："读书使人明智，读诗使人灵秀，数学使人周密，科学使人深刻，伦理学使人庄重，逻辑修辞之学使人善辨。"阅读各类书籍，丰富精神世界，内心充实了，自然就通透了。在我看来，读书可以让人变得宽容，对自己，对他人，对凡事，在书中体会千百种不同的人生际遇，汲取古往今来文人们的智慧，坚持广泛而大量的阅读后，你会体会到自己接人待物的水平，看待问题、分析问题、解决问题的能力都会有很大的提升。

第二，在学习生活中增长见识。俗话说"读万卷书，行万里路"。流传到现在已变成"读万卷书，不如行万里路"。可见，社会实践的重要性。我们可以通过这些途径增长见识：旅行，旅行的意义不仅仅是见到了美景、吃到了美食、遇到了美好的人，更应该是一场内心的修行。心里装下了山川湖泊，哪还会把一些小事放心上。交友，扩大朋友圈，参加一些有意义的活动，不是说要结交很多形形色色的人，而是根据自己的兴趣爱好工作行业等去认识一些志同道合的朋友，"三人行，必有我师焉"。在与朋友的交往中，听听他人的见解、想法，也是增长见识的方法。认真体会生活，往往生活小事中藏着大智慧，在平时的生活中多加观察思考，也许会发现世界原本是另一个模样。

六是互助互利。心理学研究表明，以相互帮助为开端的人际交往，更易建立良好的关系。互助，就是当他人需要帮助时，一定要给予力所能及的帮助。这种帮助可以是物质方面的，也可以是精神方面的；可以是脑力的，也可以是体力。互助表现在交往双方相互关心、相互帮助、相互支持，这样既满足了双方各自的需要，又促进了相互间的联系，深化了感情。互利，就是双方在交往过程中都要有利可获。我们这里所说的"利"，当然也有物质层面的互利，但主要还是精神层面的互利。有的大学生在与别人交往时以自己为中心，处处为自己着想，只关心自己的需要和利益，强调自己的感受，自私自利，为达到自己的目的，不惜牺牲别人的利益；不尊重他人的感受，漠视他人的处境和利益，在交往中目中无人，与同伴相聚时，不顾场合，也不考虑别人的情绪，自己高兴时就高谈阔论，不高兴时，就抑郁寡欢或乱发脾气，要求别人时时刻刻都要配合自己。这种人在人际交往中，以自我为中心，缺乏对自己的正确认识，很难与交往的对象建立起牢固的、持久的、良好的人际关系。

坚持互助互利原则，就要破除极端个人主义，要与人为善，乐于帮助别人，同时又善于求助别人。比如，当外面下雨，而宿舍只有你一个人的时候，看到舍友晾在外面的衣服、被子很有可能被雨淋湿，就主动帮他们收回来，这样的一个小小的善举，就会得到舍友的好感乃至赞扬。以后如果你也遇到这样的情况，也会得到同样的对待。谁都会有有求于人的时候，如果有一天你在校外，而你的快递需要你的签收，你就可以请你的同学帮你签收。人际交往是一种双向行为，故有"来而不往非礼也"之说，只有一方获得好处的人际交往是不能长久的，所以要双方都受益，交往双方应互相关心、互帮互助、相互支持。事实证明，交往中互利性越高，双方的关系越稳定和密切；互利性低，双方的关系越容易疏远。

在人际交往中除了掌握人际交往的这些基本原则外，还要熟悉人际交往的三大技巧，它们分别是有效交谈、有效倾听和注意场合。

一是有效交谈。我们知道，语言是人类交往的重要载体，交谈能力自然是非常重要的。交谈是人际交往的基本手段。要建立良好的人际关系，培养交谈的能力尤为重要。那怎样才能进行有效的交谈呢？首先，应寻找共同话题，主动交往。你在与周围的人进行交谈的时候，寻找到双方都感兴趣的话题，积极主动地与周围的同学、老师进行交谈，不能独自高谈阔论，说的都是对方不感兴趣或者不太了解的话题，这样容易使对方感觉不适应，交谈自然也没法进行下去。其次，提高自己的语言素养，谈吐得体。与人交谈过程中要态度谦和，若对别人的谈话心不在焉、挖苦嘲弄或者言不由衷都会不受欢迎，从而影响交往。最后，除了提高语言的表达能力，还更应注意非语言行为的运用。我们在与人交谈过程中，不仅仅要用有声语言，也要配合肢体语言，这样会令对方感觉不那么生硬，也可以调节谈话的气氛。

二是有效倾听。人有一张嘴，两只耳朵，也就是说，除了交谈，更需要认真聆听。我国某保险公司的宗旨就是"聆听所至信诚所在"，由此可见，倾听的重要。首先，倾听是一个主动的过程。在倾听别人诉说时要保持心理平和，将注意力集中在对方倾谈的重点。要学会站在对方的立场多为他人考虑，不要用自己的价值观去指责或批判别人的想法。其次，鼓励对方先开口。倾听别人说话本身就是对别人的一种礼貌，也代表我们愿意去考虑他人的意见，同时也使倾诉者感觉到我们很尊重他的看法，有利于培养良好的交流氛围，也有利于相互之间建立和谐融洽的人际关系。对方先提出他的看法，有利于倾听者全面把握双方意见相同之处。这样可以使我们的话语更加具有说服力，让对方更容易接纳你的意见。再次，话不宜多。少说多听是很好的交往习惯。另外，切忌耀武扬威或在交流中对字句过于斟酌，对方可能会因为你的态度变得胆怯，有可能因自己没有伶牙俐齿将自我保护起来。即使你对某一个话题有很深的见解，仍然应适时保持沉默，同时表示你希望从对方谈话中知道更多。在与人交谈时要看着对方的眼睛，保持视线接触，表现出自己对谈话内容的兴趣。人们判断你是否在聆听说话的内容，是根据你是否看着对方做出判断的。最后，应该让人把话说完。应该在确定知道别人完整的意思后再对其话做出反应，别人偶尔停顿下来并不代表已经说完想说的话。在别人表达意见的时候不插话，充分说明你很看重对方沟通的内容。不应该将打断别人说话理解为对思想的尊重，这只会让对方觉得不受重视。

三是注意场合。除了交谈和倾听以外，在不同场合，针对不同交往对象我们也应适时调整交往方式。

在正式的交往场合，我们应该做到稳重大方，言谈举止要恰到好处，充分体现出警校大学生基本的礼仪素养；在轻松开放的场合，我们就不应该像在正式场合一样严肃与庄重，要充分展现出自己的活泼开朗；在与长辈进行交往时，举手投足要做到温文有礼，体现出对长辈的尊重和关爱；在与平辈进行交往时，要去掉呆板保守，体现出自己的朝气与开放；在与性格内向的同学进行交往时，要善于倾听对方；在与性格外向的同学进行交往时，要进行适时互动，参与到对方的讨论当中。总之，作为一名大学生在与人交往过程中面对不同的人群，应该采取灵活的交往技巧，这样才能建立起和谐的人际关系。

刘敏同学，关于如何在大学处理好人际关系，老师就从大学生的特点出发，结合自己的人生经验跟你谈这些吧！希望你平时也注意学习一些人际交往知识，并将这些方法和技巧运用到实践中，以提高自己的人际交往能力。不负青春，不负韶华，通过大学这个大熔炉全面提升自己的综合素质，为成为一名合格的祖国建设者打下坚实的基础！

此致
学业顺利！

老师：陈昊
十月三十日

参考文献

[1] 朱孔军：《大学生管理理论与方法》，人民出版社 2010 年版。

[2] 李南：《感悟论语智慧》，中国华侨出版社 2007 年版。

[3] 邢群麟、李敏：《听南怀瑾讲论语全集》，黑龙江科学技术出版社 2008 年版。

[4] 马斯洛：《动机与人格》，中国人民大学出版社 2012 年版。

[5] 陈敏："'内圣外王'：儒家人格理想的历史演变"，山东师范大学 2003 年硕士学位论文。

[6] 杨倩男："儒家礼仪及其现代价值研究"，北方工业大学 2011 年硕士学位论文。

[7] 胡爱英："儒家礼仪教育的当代价值：以《论语》为中心"，载《中华文化论坛》2015 年第 5 期。

[8] 秦维红："大学生建立良好人际关系的原则和方法"，载《华北电力大学学报（社会科学版）》2002 年第 3 期。

[9] 时长江、黄玉霞："高校学生工作发展的内涵、途径及机制"，载《思想教育研究》2008 年第 8 期。

[10] 蒋文学、袁彬："儒家人文素养思想探微"，载《西南科技大学学报（哲学社会科学版）》2008 年第 1 期。

[11] 邹小英："试论孔子的交际原则"，载《湖北教育学院学报》2006 年第 5 期。

[12] 杨明、吴翠丽："中国传统文化中的'中和'思想及其现代价值"，载《南京社会科学》2006 年第 2 期。

谈谈大学校园里的爱情

第一封信　你真得懂爱情吗?

亲爱的子涵同学:

你好!

在上次讨论课中,你提出了你的一个疑问:进入大学前就听人说"不谈恋爱,是大学生活的遗憾",是这样吗?

讨论课上同学们七嘴八舌,各抒己见。有的同学持肯定态度,觉得要好好把握这三年的大学生活,来一场轰轰烈烈的恋爱,不让自己的青春留下遗憾;有的同学却觉得,大学生活主要是学习的阶段,主要精力应该放在学习上,谈恋爱容易分散、消耗精力,影响学业,处理不好会影响自己一生的幸福……大家争论得面红耳赤,不亦乐乎。

讨论课结束前,老师尽管做了一些归纳总结,谈了一下自己的看法,但因为课堂的时间有限,有些问题感觉没有说透。今天我就用书信这种古老的方式再跟你谈谈这个话题,如果你觉得对你有启发,也可以通过微信等新媒体形式与你的同学分享。

不谈恋爱,是不是大学生活的遗憾?要回答这个问题,既不是一堂讨论课就能解决的,也不是一句两句话就能说清楚的,静下心来听我慢慢地跟你聊。

今天我们先搞清楚,爱情到底是怎么一回事?

你也许会觉得老师有点小题大做,年轻人谁不会恋爱?但是,谈恋爱并不等于懂得恋爱,更不等于能收获爱情。观察一下现实生活你会发现，有些同学对爱情的热烈追求，大都源于感性的冲动。这种感性的冲动固然给予我们追求美好爱情的热情和勇气，但是，也会因其缺乏理性思索与考量，而变得或脆弱，或疯狂，甚至会酿成人生悲剧，使正常的人生轨迹发生偏离。正如作家柳青所言："人生的道路虽然漫长，但要紧处常常只有几步，特别是当人年轻的时候。……你走错一步，可以影响人生的一个时期，也可以影响人生。"因此，了解什么是爱情，爱情有哪些特征，可以帮助我们理解、把握爱情，增加自己的人生智慧，理性地处理爱情和人生的关系，正确地对待爱情生活中的各种问题。

究竟什么是爱情？这个看似简单的问题，却是自古以来哲学家、文学家、心理学家们苦苦求索的一个课题。

有位作家说："爱情是什么？对于感受到爱情的人，不需要任何一个字来说明；爱情是什么？世界上所有的聪明人，都无法向感受不到爱情的人说明它是什么。"

确如作家所言，爱情是人类的一种主观情感体验，在某种程度上"只可意会，不可言传"。但是，古往今来，爱情的魅力不仅使许多文人墨客争相描绘、歌咏，也成为哲学家、社会学家、心理学家们不断探索的课题。

古希腊的哲学家柏拉图在他的《会饮篇》中写道，宙斯为了削弱人的力量，把能量无敌的"圆球状"的人一分为二，分为两半的人力量变得软弱了一些，但是这被一分为二的人之间，却有着强烈的、磁铁般吸引力，"每一半都急切地扑向另一半"，他们"纠结在一起，拥抱在一起，强烈地希望融为一体"，这样就产生了尘世的爱情。柏拉图告诉我们，爱情并不是仅仅是为了繁衍后代，还是人类对于生命完整性的追求和希冀。

你看，"爱情"，这个被年轻人魂牵梦绕的词汇，远不像我们想象那么简单，两千多年前古希腊的哲学家们已经开始从哲学的角度思考这个问题，柏拉图除了用"圆球人"的寓言故事解释爱情的本质外，他还有更加闻名于世的观点，这就是大家耳熟能详的——"柏拉图式的精神恋爱"。

具体来说"柏拉图式精神恋爱"的主要观点是：爱情应该是纯理性的精神体验，是没有肉体基础的灵魂的融合。也就是说，爱情是一种超越肉体的纯粹的精神。要想获得爱情的永恒，只能爱慕对方美好的心灵，因为美丽的容貌会随着岁月的流逝而消失。

其实，对爱情持这种观点的也还大有人在，比如柏拉图的老师苏格拉底，他认为"一个人如果能具有正确的爱情，他就应当从一开始和美的形体交往，爱一个能使他产生精神美的形体"。另一个古希腊时期的哲学家包撒尼认为"庸俗的爱情是没有价值的、不和谐的、短暂的，可是德性的爱情是生死不渝的"。

这种只强调精神因素的爱情，因柏拉图的表述较为典型而被称为"柏拉图式的精神恋爱"。它强化了爱情双方心灵的沟通和灵魂契合，突出了爱情是一种高尚的情操的特性，赋予了爱情美好而神圣的光环。但是，如果否认爱情跟肉体的关联，把灵与肉完全对立起来，也是违背人性的畸形的爱情观。

我再给你介绍另一种观点，概括起来说就是——"爱即性欲"。其代表人物是 18 世纪英国的哲学家休谟。休谟把爱情归结为是由"美貌""性欲"和"好感"这三种印象或情感结合而发生的。更有人将爱情看作是人的本能，概括为"食欲付诸实践叫吃饭，性欲付诸实践叫爱情"。你看，这种观点把爱情和吃饭完全等同起来，把爱情看成是单纯的生理现象，直接在爱情和性欲之间画了等号。

你肯定也觉得这种观点太荒唐！但是，如果我们从另一个方面来看，它也揭示了爱情的自然属性，人类繁衍后代，延续种族靠的就是这一生理本能，也可以说，世界上如果没有男女之别也就不会有爱情。它揭示了人类延续存在的自然规律。但是，看看周围的男男女女，以及自身的情感体验我们会得出一个很现实的结论，爱情不仅仅是男女之间的简单结合，否则人与野兽就没有什么区别。所以我们说，这种对爱情的解释，抹杀了爱情中的理性成分。

在现实生活中我们看到，人们在寻找恋爱对象的时候固然会在意对方的身高和容貌，但又不仅仅会"以貌取人"，还会考虑到对方的很多社会性的素养，比如经济条件、责任感、事业心，等等。所以，把爱情等同于性欲显然不仅是片面的，还是有害的，因为这种夸大性本能否定爱情的精神因素的后果，会为不负责任的性行为大开方便之门。

说到这里，你肯定就明白了，上面这两种观点，都是只强调了爱情的某一个方面，并没有科学地、辩证地向我们揭示爱情的本质。

马克思主义关于爱情的论述，则更加全面准确地揭示了爱情的本质，综合马克思、恩格斯关于爱情的论述，我们可以这样来理解爱情——**爱情是一对男女，基于一定的社会基础和共同的生活理想，在各自内心形成的对另一个异性的最真挚的仰慕并渴望对方成为自己终身伴侣的强烈的、纯真的、专一的感情。**

这句话看似简单，实则包含着十分丰富的内容。

首先，它揭示了爱情的生理基础。"一对男女"，就是说爱情是发生在男女之间，是在此基础上产生的。

薄伽丘在《十日谈》讲过一个"绿鹅"故事，有一个名叫腓力的出身微贱但富裕的男子，他有一个彼此相亲相爱的妻子，但妻子不幸去世，只留给他一个不到两岁的儿子。丧偶的不幸使他哀痛欲绝，觉得活在世上，再没有什么意思了，就发誓抛弃红尘、去侍奉天主，并且决定带他的幼儿跟他一起修行。他把全部家产都捐给慈善团体，带着儿子在山头找到一间小茅屋住了下来，靠着别人的施舍，斋戒祈祷过日子。父亲从不跟儿子提世俗之事，只限于教他背诵些祈祷文。父子二人就这样在山上住了几年，孩子从没走出茅屋一步。除了他的父亲外，也从没见过别人。光阴如箭，父亲老了，孩子也有 18 岁了。有一天，腓力又要进城向善男信女讨施舍。孩子就跟父亲说，"您年事已高，不能这么辛苦了。领着我去见见你那些朋友和天主的信徒，我正年轻力壮，以后您有什么需要，就可以派我下山去，不用再亲自奔波了。"父亲觉得儿子说得有道理，又看他平时侍奉天主十分勤谨，认为即使让他到世俗世界里去走一遭，也不至于迷失本性，于是就带儿子一起去了。小伙子进城看见了他生平从未见识过车水马龙,惊奇得一路上向父亲问长问短。正在这时一群刚刚参加完婚礼的衣服华丽、年轻漂亮的姑娘迎面走来。那小伙子一看见她们,立即就问父亲这些是什么东西。父亲怕会唤起儿子的邪恶的欲念,便答道,"快低下头,眼睛盯着地面,别看它们,它们全都是祸水!它们叫做'绿鹅'。"让人没想到的是,小伙子对眼前许许多多新鲜事物,全都不曾留意,却央求爸爸:"我还没看见过这么美丽、这么惹人爱的东西呢。让我们想个法儿,把那边的绿鹅带一只回去吧,我要喂它。"父亲这时候才明白,原来自然的力量比他的教诫要强得多了!

这个故事非常形象地说明了男女之间的吸引力,源于自然界万事万物的无法抗拒的自然规律。因此,性爱是爱情的生理基础和自然前提。

其次,它揭示了爱情产生的社会因素。也就是说,爱情的产生不仅仅是异性相吸,还需"基于一定的社会基础和共同的生活理想"。你的同学和朋友在找恋爱对象的时候,很多人会在意对方是不是漂亮、帅气。但如果仅仅关注对方的容貌和服饰这些外在的因素,恋爱成功的概率不会很高。你可以在毕业三五年后,再留意观察一下"外貌协会"的、过于注重外貌的同学的恋爱结果和婚姻状态,看看我这样说有没有道理!

因为,人们在择偶时,除了用直觉确立外在美的标准外(容貌、气质风度、服饰等),还要用理性确立内在的标准(个性、情操等)。所以,我们看到生活中,并不是所有的男女之间都会产生爱情,人生观、价值观和世界观的相互认同是爱情产生的社会基础。

举个例子:在学习中国共产党的历史时,你一定会读到老一辈的革命家周恩来和邓颖超。其实,他们不仅因为对中国革命和建设所做出的卓越贡献而被人民所深深铭记,他们动人的爱情故事也被世人视为楷模而广为流传。邓颖超在她的一篇回忆录中写道:"我与你是萍水相逢,不是一见倾心,更不是恋爱至上。我们是经过无意的发展,两地相互通信的了解,到有意的、经过考验的结婚,又经过几十年的战斗,结成这样一种战友的、伴侣的、相爱始终的、共同生活的夫妇。"正是这种"心心相印"，使他们无论是在战争年代的腥风血雨，还是在和平时代的歌舞升平，都相互关心、相互扶持，相濡以沫，不离不弃，直到终老。

最后，它揭示了爱情的魅力。爱情是一种"强烈的、纯真的、专一的感情"。你想知道强烈到什么程度吗？法国著名的思想家拉罗什福科说："我们能对爱情所做的最恰当比较是它与热病的比较，因为无论是它的猛烈程度还是它的持续时间，我们都没有力量加以控制。"

是不是够强烈的？有趣的是，拉罗什福科的观点是有科学依据的。科学研究表明，当人们经历爱情热恋期时，身体会分泌另外一种激素——多巴胺（dopamine），给人甜蜜、幸福的感觉。多巴胺为爱情带来的"激情"，会给人们一种错觉，以为爱可以永久狂热！

与此同时，我们也要看到问题的另一个方面，那就是：热恋中对恋爱对象的理想化和赞美会达到顶峰，甚至会忽略或者重新解释那些关于伴侣不好的信息，比如，抽烟会被解释成"有风度"；粗俗会被解读成"男子汉气概"，等等。这就是所谓的"情人眼里出西施"。这种不理智的状态，极易造成"一失足成千古恨"的后果。

子涵，跟你聊了这么多，你对"不谈恋爱，是大学生活的遗憾"这个问题是不是有了自己的思考？

此致
学业顺利！

老师：刘洁
十一月十七日

第二封信 找个什么样子的他（她）?

子涵：

你好！

来信收悉！

收到你的来信，让我又惊又喜！惊的是我原以为现在的00后，不会有人喜欢用书信这种方式进行交流了，没想到这么快就收到了你的回信！喜的是你在信中把自己的思考梳理得那么条理！其实，在各种社交软件、快餐文化、碎片化阅读盛行的今天，一支笔，一张纸，把自己的思绪一行行书写出来，也是难得的一种对心理的舒缓。真希望你能喜欢上这种交流方式。

你来信说，读了我的信，对爱情有了一些理性的思考，也加深了对爱情热烈的向往和憧憬。同时，你又很疑惑，要找一个什么样的她才能与自己心心相印、志同道合、共度美好人生？

子涵，其实，你的这个问题涉及了恋爱中的一个重要问题——择偶标准。当然，这个标准可不是个"标准化"的标准，它完全是因人而异，不同的世界观、人生观和价值观就会有不同的择偶标准。比如，有人把经济条件作为择偶的首要标准，就会把票子、车子和房子看得很重；有人把外貌作择偶的重要标准，就会特别在意对方身高、体重和相貌；有人认为学历水平重要，就会把对方是不具有本科、研究生、博士学历作为择偶的重要标准……不一而足，可以说一千个人，也许会有一千个择偶标准。

哈哈，是不是没有得到你想要的答案，还把你弄得更迷惑啦？不急，听老师从头把这个问题捋一下。

上封信中，我们谈到什么是爱情，让我们接着这个话题聊下去，你寻找的答案也就会出来啦！

我们在谈到爱情时，说它是建立在生理基础上的社会化的一种情感。马克思主义爱情观认为，男女之间建立于性爱基础上的情感之所以成为爱情，是由人的社会属性决定的。因为男女之间真挚的爱情，不仅是自然生理需求的冲动和相互需要，更是志趣相投和心灵相通。也可以说，爱情是个体心理和社会文化相互作用的产物。因此，我们说爱情是一种由两个基本因素构成的复杂的感情。

第一个因素是生物因素，是对异性生理属性的爱慕，也就是"性爱"。你们这个年龄，会对异性的相貌、身高、体型产生爱慕，对自己钟情的异性产生倾慕、亲近、渴望的感情体验，这种感情体验主要是生物因素在起作用。

第二个因素是社会性因素，是对异性社会属性的爱慕，也就是"情爱"。比如，有的同学夸奖自己的恋爱对象时，会说对方的情商特别高，或者特别有追求，等等。对异性社会属性的爱慕通常表现为对异性的理想、追求的高度认同，对其责任感、品德、能力以及社会地位等的爱慕。

这两个因素共同构成了爱情这一复杂的情感。异性间生理性的相互仰慕，是爱情的基础，没有性爱不能称之为爱情，只能算是异性间的友谊。同样，缺乏情爱的爱情也是畸形的。倘若抛开精神因素，只考虑生物因素，仅仅为了满足人的生理需要，仅仅为了繁衍后代，那么，就把人降低到了与动物相等的地位和水平。所以，我们说爱情既包含了人类高级的情感、气质等自然因素，还会考虑社会地位、物质条件、教育程度、道德水准、志向性格等社会因素。而恰恰是后者使人类的爱情与一般的动物交配产生了质的区别。

写到这里，你对找个什么样的另一半是不是有了自己的想法呢？当我们在考虑择偶标准的时候，都会围绕着这两个因素。这也就是我们在课堂上讲爱情时谈到的两个标准：一个是用直觉确立的外在标准，如对方的容貌、身高、气质以及穿衣打扮等；一个是用理性确立的内在标准，如对方的个性、情操、理想和追求等。而这两个标准又会因每个人的三观不相同，而各不相同。"萝卜白菜各有所爱""情人眼里出西施"，等等，这些说法就是说的这个道理。

因此，我们说爱情既有其自然属性，又具有社会属性，既有性爱，又有情爱，是性爱与情爱的和谐统一。

你是不是想问，那么我们在选择恋爱对象的时候，更应该注重哪个标准呢？你还记得马克思在说到人的本质时是怎么说的吗？他说，"人的本质是一切社会关系的总和"。爱情既然是人类所特有的一种复杂的情感，其社会属性当然发挥着非常重要的作用。

因此我们在确立自己的择偶标准时，会主要考虑三个方面：

首先，是对方的外在形象。爱美是人类的天性，姑娘爱帅哥，小伙喜欢靓女，这无可厚非。但是，如果我们把外貌如何作为择偶的唯一标准，过于看重外貌而忽略了其内心世界美好，那就很有可能丢了西瓜捡芝麻。正如俄国的文学家托尔斯泰所说的："人不是因为美丽才可爱，而是因为可爱才美丽。"

其次，是对方的经济条件。没有一定的经济条件空谈爱情，显然是不切实际的，爱情也会失去其存在的基础。但是，如果把经济条件当成了择偶的唯一条件，就会失去自身的独立性甚至是人格的尊严。英国女作家夏洛蒂·勃朗特的《简·爱》中，尽管简长得不漂亮，又黑又矮小，还是身份低微的家庭教师，但庄园主罗切斯特却爱上了她，罗切斯特很富有，但当他们确定关系后，简却这样告诉罗切斯特："你不要给我买任何东西，我还做这份家庭教师的工作，你每月给我薪水"。因为简认为，只有经济独立才能保证地位平等，只有地位平等，才能有真正平等的爱情。这种观念在今天看来是多么宝贵啊，现在有些女孩信奉，"学得好不如嫁得好"，"宁可坐在宝马车里哭，也不坐在自行车上笑"，把自己的幸福寄托在别人身上，把自己的命运交给别人去掌控。如果是抱着这样的心态，很难得到真正的幸福，因为在这个世界上，最靠得住的，是你自己。只有像简这种人格上的独立才能真正获得别人的尊重。

第三，是对方的家庭背景。同学们在谈恋爱的时候，可能不太会顾及对方的家庭情况。大都认为只要两个人互相爱慕，其他的没有什么大不了的。其实，每个人都来自于原生家庭，原生家庭对个人的人生观、价值观和世界观的影响都是十分深远的。一个人的道德品质、为人处事、接人待物、生活态度、价值标准，等等，无不与其原生家庭有着密切的联系。因此，在恋爱过程中，家庭背景也应该是考虑的一个因素。平时我们常说的找恋爱对象要找"门当户对"也是这个原因。所谓"门当户对"，也就是家庭出身相似，相似的家庭背景，会使得双方的审美情趣、价值追求、人生态度以及生活方式等，比较容易产生认同感和相似感，进而产生感情上的共鸣，在感情生活中也比较容易做到情趣相似、志趣相投。这些也是日后走进婚姻的重要基础。

那我们怎么知道对方在这三个方面都与自己要求相契合呢？这当然要在相处和交往中才能了解清楚。谈恋爱也是一门学问，要遵循一定的规则才能与恋人友好相处，才能搞清楚对方是不是你要找的那个人。

首先，要明白爱情是以互爱为基础。爱情是一种复杂、圣洁、崇高的感情活动，它是由两颗心灵弹拨出来的和弦，彼此互相倾慕，情投意合。真正的爱情是不可强求的，只能以当事人双方的互爱为前提，当事人既是爱者又是被爱者。

子涵，你如果现在有了自己心仪的对象，一定要给予自己的爱慕对象以充分的尊重，在相互的尊重和交往中加深了解，千万不能一厢情愿，把自己的爱恋强加于对方。即使是表达爱慕的方式，也要考虑到对方的感受，否则只能适得其反，引起对方的反感。同样，对于向你表白感情的（即使对方不是你心仪的）对象，也要在给予对方充分的尊重的基础上明确地表明自己的态度。

其次，要明白爱情要求专一。爱情是两颗心相碰撞发出的共鸣，男女一旦相爱，就会要求相互忠贞，并且排斥任何第三者亲近双方中的另一方。

伟大的教育家陶行知曾经很形象地说过：爱情之酒甜而苦，两人喝是甘露，三人喝是酸醋，随便喝要中毒。说的就是这个道理。如果一个人脚踩两只船、见一个爱一个，只能说明他作风轻浮，很难收获到真爱。网络上给这类人赋予了一个很让人嫌恶的称号"渣男"或"渣女"。一旦有了这样的标签，追求爱情的正派人都会对其敬而远之，避之唯恐不及。

当然，如果在交往中，发现对方的确不是适合自己的那一半，也要理智地与对方分手后，再开始下一段恋情。

第三，要明白爱情需要精心的经营。我们在第一封信中谈到，真正的爱情是渴望相互结成终身伴侣，而婚姻关系就是建立在爱情的持久性的基础之上。但是，我们也要看到，爱情是建立在一定的客观基础之上的，随着这些客观条件的变化，爱情可能会发生变化，甚至消亡。

爱情的这个特点提醒我们，对待爱情既要有坚持到底、终生不逾的信念，也要有清醒理智的头脑，不断用心经营提升爱情，避免爱情破裂的因素产生。比如，对待爱情对象，既要考虑感情因素，也要考虑人品、性格、趣味、学识、能力、经济等因素；两人相处的过程中，也要时刻注意言行的方式方法技巧，避免产生误解、裂痕和伤害；当然更要注意不要违犯性爱和婚姻方面的道德规范，等等。

现实生活中，如果我们不能处理好爱情的持久性与可变性的关系，就会出现各种各样的问题。比如，有的人盲目地相信爱情注定是永恒的，一旦爱情破碎就接受不了，甚至对人生感到绝望；有的人相信爱情是永恒的、无条件的，只关心感情本身，而对双方的人品、性格、能力等其他条件不做认真的了解和考虑，更不在意自己对待对方的方式方法，等到这些因素导致了爱情的破灭，仍然不知道问题出在哪里，而把责任推给了天意；还有的人则是相信爱情绝对不会永恒，于是对待爱情随随便便，只求曾经拥有，不求天长地久，害人害己。

第四，要明白爱情蕴涵着对对方的义务感和责任心。作为一种感情的爱情是纯粹个人性的，任何人都有爱一个人的自由，也有不爱一个人的自由。但是，这仅仅是一方面，另一方面是爱情并不自由。这是因为爱情总是涉及另外一个人，你的行为有可能会给对方造成伤害，所以你必须对对方负责。这就是爱情的责任性。爱情的自由性最终要服从于爱情的责任性。也就是说，我们始终都要用负责任的态度对待爱情。衡量一个人是否有资格做一个合格的社会人，最基本的标准就是看他能否为自己的行为负起责任来。从这个角度讲，一个对爱情不负责任的人，是一个不道德的人，更是一个不值得爱的人。

如果在恋爱中，你与对方都共同认可并遵循了以上四点，那就说明你们的恋爱观是基本一致的，应该是相互要找的那个人了。

子涵，在要结束这次谈话之前，我还想说一下网恋。在当今的互联网时代，各种交友、恋爱软件充斥网络。作为00后的年轻人，难免会接触到这种恋爱交友的方式。应该说，网络交友拓展了我们交友的空间，帮助我们认识更多的人，现实中因网络结缘收获爱情的情侣也大有人在。但是，我们也要看到网络交友的弊端，在网络交往中，真人隐藏在网络形象之后，隔着手机屏幕，无形中增加了两人之间的距离。再加上选择性的语言、美颜的形象，会美化对方的形象，增加恋爱中的幻想。之所以出现很多网恋"见光死"，原因也正是在此。如果再遇人不淑，或者遭遇网络诈骗，那就更让人追悔莫及了。所以，在网络上交友一定要谨慎，保持一定的警觉，以免上当受骗。

子涵，这次我们聊了要用什么标准去寻找自己的另一半，以及找到了心仪的对象应该如何相处。白纸黑字聊起来好像很简单，但在现实生活中可能会遇到各种我们无法预料的事情。但是，我们也正是在处理这些事情的过程中获得成长的。相信你领悟了这些道理后，一定会对你处理好恋爱问题有所帮助。

好了，这封信就先写到这里吧。不知道你还记不记得我给你写信的初衷？说了很多，在下一封信中，我将要回到写信的初衷，回答你特别想知道的问题——不谈恋爱是不是大学生活的遗憾?

　　此致
学业顺利!

　　　　　　　　　　　　　　　　　　　　　老师：刘洁
　　　　　　　　　　　　　　　　　　　　　十二月五日

第三封信　不谈恋爱是不是大学生活的遗憾?

子涵:

你好!

来信收悉!你在信中说,你读了我的信更加感觉到爱情的美好,在这么美好的年华,不谈一场轰轰烈烈的爱情的确有些遗憾。

哈哈,说实话,我觉得你的这种想法很正常,也是很多年轻人的共同感受。但是,我觉得我还是有些话要跟你唠叨一下,听完我的唠叨你可能还有新的想法。

今天我们就从大学校园里爱情说起吧。

在前面的信中我们谈到过,爱情是人类最热烈、最深沉、最绚烂的一种情感。大学生正处在人生的黄金时代,对爱情更是有着美好的向往和热烈的追求。

但是,我们院校除了所设专业不同于一般高校外,其对学生的管理也有别于普通高校。这种管理制度对学生的学习、训练以及日常行为操守,都有着严格的要求和规定。

但是,无论是在校园中还是在课室里,我们常看到有些谈恋爱的同学搂搂抱抱,打打闹闹;还有些同学不能正确处理恋爱与学业、恋爱与学校的管理制度之间的关系……这些问题的存在,不同程度地影响或破坏了学院的管理制度,还会对这些同学的健康成长成才带来不利的影响。为此,处理好学校的管理制度与爱情的关系,正确地对待爱情、学业,对我们每个大学生的人生都是十分重要的。

子涵,你周围有不少在谈恋爱的同学,相信你一定会对这些同学的恋爱动机、恋爱方式有所了解,并有自己的看法,我也想跟你谈我对校园里恋爱的一些看法,听一下作为一个局外人——老师对这个问题的看法,也许会对你有新的启发。

在第一封信里,我曾经说过,在你们这个年龄,爱慕、追求异性都是非常正常、美好的事情。但是,我们也看到,一些大学生由于对恋爱的不良认知,在认识和行为上陷入了各种各样的误区。

比如,有的同学把恋爱看得非常重要,甚至把谈一场轰轰烈烈的恋爱作为其大学生活的重要目标。终日沉溺于寻觅爱情,或者是卿卿我我之中,一旦求之不得或者失恋时便悲观厌世,甚至寻死觅活。我们说,爱犹如一杯令人激动和陶醉的醇酒,但是,无论它多么醇香,饮起来必须有个限度,不可过量。爱情只是人生的一个重要内容,但并不是人生的全部。人生在不同的阶段,有不同的任务。这种将爱情和人生本末倒置的做法,必然会降低人生本身的价值,影响学业。

还有的同学并没有真正意识到谈恋爱意味着什么?也不清楚什么样的他(她)更适合自己,只是因为看到同学或朋友中有人谈恋爱,为了维持心理平衡,自身也不甘落后随便找一个异性朋友。这种盲目的、装"面子"的恋爱是难以成功的,同时也是对爱情的不尊重。

也有的同学进入大学后,不思进取或人际关系失调,感觉大学生活单调乏味,为了填补精神的空虚与内心的失意而陷入恋爱之中。或者是把恋爱与婚姻分开,认为恋爱只是积累人生经验、填补空虚的过程,可以随便谈谈。我们要知道,爱情绝不是一般的聊天解闷的手段,企图以此为慰藉,最终会惹出许多意想不到的麻烦和难以处理的是非,结果可能会造成更大的苦恼;把恋爱与婚姻分开就分割了爱情的完整内涵,把恋爱当做享乐的一种手段,又把婚姻看得与感情无缘。在这样的思想基础上建立的感情是不真实的，这样的婚姻也是不会幸福的。

更有少数的同学痴迷性恋，以性的满足为主要目的的恋爱。前面我们谈过，爱情是以性爱为基础，但其社会性的因素占主导地位。你们现在这个年龄阶段，来自于生理上的欲望和冲动也是很正常的事情，但是，人是社会性的动物，这些生理上的欲望和冲动要遵从社会的道德规范的要求。要加强自身的修养，自觉抵制不健康书刊、影视作品的消极影响和错误恋爱观的诱导，特别是一些明星大腕，扭曲的性观念，给很多年轻人带来的极其消极的影响。

比如，近段时间上了热搜的吴某某的"选妃事件"，涉嫌侵犯未成年少女而被警方刑事拘留。吴某某依仗自己英俊的外表和包装起来的表象，放纵自己的性行为，许多年轻的女孩子也因爱慕虚荣，被其外表所迷惑，飞蛾扑火，贻误青春。而吴某某最终从娱乐圈的"顶流"跌落到名人影星纷纷对他取关删帖子、避之唯恐不及的"弃子"，也再次印证了人与别的动物不同，是生活在社会中的人。

因此，如果一味地信奉"性自由"，追求所谓的"性解放"，主张自然冲动的尽情舒展，以玩乐为目的，追求性欲的满足，陷入"性恋"，其结果常常导致婚前越轨行为的发生，给双方的身心和学习带来负面影响。

你看，如果我们恋爱谈成以上种种，那大学里的这些恋爱反而会成为一生的遗憾！

你可能又要问，那我们大学生是不是不应该谈恋爱？

这个问题的答案不能简单地用"是"和"否"来回答，要把它放在具体的情境中。

正如我们前面所谈到的，爱情是一种复杂的社会情感，如果大学生自身还不成熟，是很难驾驭这种强烈的感情的。

因此，要回答能不能谈恋爱这个问题之前，我们要先来谈谈，人怎样才算是成熟了？

人的成熟发展必须具备三个基本条件：一是身体的长成，以个体生理成熟特别是性成熟为标志；二是心理发展完善，以个性的成熟稳定主要是自我意识的完善为标志；三是社会化程度的提高，以个体对自己在社会中所处角色以及所负担的社会责任的正确认识为标志。这三个条件达到成熟水平，则形成完整的人格。

因此，我们大学生在进入恋爱前最好要问自己这样几个问题：

一问，我的心理发展是否已相对成熟？大学生正处于生理与心理发展的不平衡阶段，在生理发育成熟的同时，有部分同学的心理发展并未完全成熟，表现为观察力尚不深刻，性格尚未定型，情绪起伏不定，情感的理智控制力较差，易偏激冲动。生理的成熟，萌发了求爱的欲望；心理上的不成熟，又使得大学生不能深刻地理解爱情。有的同学就在这种情况下匆匆忙忙地开始谈恋爱，甚至个别同学在进入大学不到半学期就开始谈恋爱；有的同学在与异性交往时不能正确区分好感与爱情这两种性质不同的情感体验，错把好感当成爱情。在这种状态下，匆忙开始恋爱生活，往往会给自己和对方添许多烦恼。所以，处在这种状态的大学生就要待到心理发展相对成熟时再进入爱情生活。

二问，我的人生观是否相对稳定？人生的轨迹往往由人生观主宰，它影响着人们对于人生、幸福、爱情的理解与认识。大部分大学生正处于人生观趋于稳定而又未完全定型的阶段，对人生道路的选择缺乏明确的认识，对爱情与事业的关系缺乏深刻的理解，对恋爱所应承担的社会责任和义务缺乏必要的准备。这就需要我们不断加强自身的学习和修养，逐步确立起正确的稳定的人生观，在此基础上再选择恋爱，才更容易找到自己志同道合的爱情对象。

三问，我的社会阅历相对丰富吗？我们大学生一直生活在校园中，社会阅历少，缺乏人生经历和社会经验，因而对爱情尚缺乏准确的分析判断能力，考虑问题往往脱离实际，与人交往多倾向于感情作用，所以很难对恋爱对象做出谨慎的选择和判断。社会阅历少，就有一个逐步学习、锻炼的过程，如果自以为是地贸然进入到一段感情中时，可能会遭受到波折。

四问，我有一定的经济能力吗？在现实生活中，恋爱的过程绝不单单是精神上的依恋，还需要一定的物质基础。大学生普遍没有固定的经济收入，经济上对父母的依赖性很大，恋爱又会增加经济开销，从而常常捉襟见肘、力不从心，这种经济负担往往又转嫁给含辛茹苦的父母双亲。更有甚者，为了谈恋爱，进行诈骗、盗窃而走上犯罪道路，断送了美好的前途。所以大学生在步入爱情生活之前，有必要对此有足够的考虑。大学生谈恋爱时，双方的经济上最好是彼此分清，避免增加经济和心理负担。但要做到这一点又需双方有一致的财富观和恋爱观。

　　子涵，我们刚才谈到那些大学校园里谈恋爱的遗憾，其实都来自于以上四个问题没有回答好。

　　如果以上四问，你都可以给予肯定的回答，那我认为，就可以避免我们所说的校园里恋爱的误区，完全可以在大学校园里去找寻属于自己的爱情，相信也会收获甜蜜的感情。现实生活中我们也的确看到有些校园里结缘的情侣相互关心、相互鼓励，在爱情力量的激励下努力学习、不断提升、比翼双飞！

　　所以，大学生能不能谈恋爱？并没有统一的答案，这与每个人的心理成熟度、理想抱负、择偶条件以及所处的环境有关，因而是因人而异的。对有些同学来说，大学里不谈恋爱可能是一种遗憾，但对另一些同学而言，谈了恋爱反而是一种遗憾。我们综合各种经验来看，对大多数学生来讲，恋爱时间以稍晚为宜。

　　好了，子涵，这封信就写到这里吧。你如果还有什么疑问，可以再写信给我，很乐意把我的想法告诉你。

　　此致
学业顺利！

老师：刘洁

十二月十四日

第四封信　校园里谈恋爱要注意什么？

子涵：

你好!

来信收悉!

你来信说，在读了我的来信后，你认为大学时代，如果自己能够把握好，避免校园里恋爱的误区，谈恋爱也是自身成长的一个重要因素。我觉得你说得非常有道理，上封信中，尽管我说在大学里谈恋爱需要具备一些条件，但客观来讲，很多同学不会在这些条件完全具备的情况下，才开始谈恋爱。这也并不可怕，只要我们处理好两种关系，把握好基本的恋爱道德，即使没能收获到爱情，但也会把伤害降低到最低限度，并从中获得人生的成长。

先来说说要处理好的两种关系。

一是要处理好学业、事业与恋爱的关系。一个人的成长过程一般分为学习准备期、创造活动期、事业成功期等阶段。大学阶段属于学习准备的最后阶段，是人才成长发展的重要阶段。一生的事业在这里奠基，成才的希望在这里播种。正因如此，人们普遍主张把学业追求作为大学阶段的第一任务。所以，如果在大学阶段我们把本应用于学习上的时间和精力过多地抛洒在了花前月下的谈情说爱中，丢了西瓜捡芝麻，没有分清主次显然是极不明智的。

即使你收获了爱情，在人生的发展中，也还要处理好事业和爱情的关系。爱情与事业的关系，可是人生的一个重大课题。我们说爱情是人生的重要组成部分，真正的爱情能给人以鼓舞，给人以力量，给人带来精神上的激励、情绪上的欢娱、生活上的充实。但人生除了爱情之外，还有事业。如果把爱情摆在至高无上的位置，把爱情看作人生唯一的追求，那么爱情就会抑制事业的发展，而失去事业基础的爱情就结不出人生的硕果。我们常说"饮食男女"朴素地道出了事业与爱情的关系。人生需要爱情，但人生绝非只有爱情；只有与共同的事业、理想联结在一起的爱情，才能产生巨大的力量，才能经得起时间的考验。

二是要处理好异性友谊与爱情、性爱与情爱的关系。异性友谊有益于男女同学的情感稳定与补偿，有益于大学生良好个性品质的形成。一般说来，爱情始于友谊，但异性间的友谊不等于爱情，两者有质的区别。我们知道，友谊是建立在相互理解、彼此地位平等的基础上的，但爱情更侧重于感情和相互的包容；友谊可以产生在多人之间，它是一个开放的系统，但爱情是产生于两人之间，不容许第三者的介入。爱情与友谊的界限划分不清，往往会带来许多心理困扰，引发心理问题。因此，男女大学生在交往中要遵循异性交往原则，理智地把握好爱情与异性友谊的界限。

我们在前面讲过，性爱与情爱是爱情的两种属性，二者是相互联系、相互依存、相互渗透的，有机地统一于爱情实践活动之中。在这个统一体中，情爱占主控地位，是决定爱情关系的基础，正是有了情爱，才使得爱情超越性爱，成为一种高尚圣洁的情感。

近年来，在恋爱过程中大学生性行为有上升趋势。有人认为，婚前性行为是应该得到原谅的，因为它可以给人带来快乐，有助于增进双方在性及其他方面的理解，有利于今后的婚姻生活。这种观点，从某种角度看，或许不无道理。但爱情不是搞科学研究，不是对客观事物的探究。爱情更多的是责任，受明确的社会道德规范的约束。按照社会的道德规范和法律规定，只有在合法的婚姻关系内性行为才是受法律保护的；发生在婚姻关系之外的性行为都是不受法律保护的。婚前性行为会带来短暂的欢乐，但有可能造成长期的痛苦和伤害，尤其对女性更是如此。如果未婚先孕，被迫人工流产，会对女性身体造成伤害不说，还要面临着社会道德的谴责和学校的严厉处分，对双方心理和今后的前途也会带来许多不利影响。

再来说说恋爱中要遵循的道德准则。

一是要体悟爱情中所蕴含的道德情感。 苏联教育家苏霍姆林斯基在给儿女的信中叮咛：“要记住，爱情首先是对你的爱侣的命运前途承担责任，爱首先意味着奉献和付出。”爱对方就要对对方的感情负责，互相对爱忠诚，互相替对方着想。

有的年轻人在恋爱时往往会打着“爱要奉献和付出”的旗号向对方提出各种各样的要求。比如，有的男生会提出性要求，如果女方不答应，就会说对方不是真爱他。这种说法，其实是很自私的，性怎么是检验爱的唯一标准呢？有些资料表明，近年来高校女生流产的比例有所上升。从生理的角度来看，人工流产对女性的健康和生育都会留下严重的后遗症；从社会舆论的角度来看，传统的贞操观念和大众舆论会给女性造成严重的心理伤害。

爱情憾动人心的魄力，其实就在于她本身所蕴含的奉献与付出，平等与独立，尊重与责任。如果失去了这些，爱情就会沦落为某种交易，或者是单纯追求的感官刺激。爱情不仅仅两情相悦，还包含着对他人、对社会的责任。

二是恋爱交往中要坦诚、文明。 在追求爱情的过程中，一定要以尊重对方选择权利为前提，用自己的真心赢得对方的爱心，用自己的人品去赢得对方的倾慕。恋爱的对象要专一，这是尊重对方、尊重自己的表现，也是自己坦诚人格的体现。

自由恋爱不等于要玩脚踏多条船的游戏，当今社会同样谴责在爱情上朝秦暮楚、见异思迁的行为。

比如，有些影视明星尽管混得风生水起，拥有大量的粉丝和广告代言。但一旦在爱情问题上触犯了社会道德的底线，瞬间就会被粉丝和广告商抛弃，名利皆失。有的甚至会永久退出娱乐圈。这样的例子不胜枚举，你知道的可能比我还多。

在追求爱情的过程中，还要讲究文明，在不同场合的感情表达要适度。东西方文化和民族传统习俗有很大的差异。在爱情表达方式上，中华民族的优秀文化传统提倡的是热烈、含蓄、谦恭、端庄、委婉、细腻等。恋爱双方应多从精神上、感情上进行交流，培养高尚的情趣，保持健康的交往。男女双方应当自尊、自重，行为端庄，举止得体。

三是要理智地对待失恋。失恋是恋爱过程中，可能会遭遇到的一种感情经历。失恋也是考验人们人生态度、人生意志力的试金石，有人在失恋的打击下从此意志消沉、一蹶不振，有人却从此更加振作。那么如果一旦不幸失恋了，该如何面对呢？

首先，对爱情要有豁达的心态。造成失恋的原因是多方面的，可能是自己的原因，可能是对方的原因，也可能是外界的原因。如果原因出在自己身上，那就要反省自己，努力克服自身的不足去拯救爱情。如果原因不在自己身上，自己已经尽力去拯救爱情了还是不行，那对爱情就要有一种"天涯何处无芳草"的豁达态度，整理心情静待下一段美好情感的来临。

其次，要保持理智。当一个人全身心投入恋爱后，突然被无情抛弃，内心必有强烈的反应，情绪会出现极大的波动甚至失控，在情感支配下会说出一些很不得体的话，甚至会作出一些令自己和他人遗恨终生的事情。作为一名受过高等教育的大学生，虽然有较高的文化素质，但是由于年纪轻、社会阅历浅，未经受过多少困难、挫折的磨练，对失恋更应该保持清醒的头脑。一旦失恋，遇上自己想不通、解决不了的事情，就要与亲人、朋友交流，听取别人的意见和看法。千万不可整天胡思乱想，固执己见，一意孤行。否则，一时冲动下丧失理智，就会做出令自己和他人后悔终生的事情。

再次，要做到失恋不失志。人是要有一点精神的，一个人任何时候都不能放弃对美好理想和美好事物的追求。有人说过这样一句话：伟大的人物是从来不会因为失恋而发疯的。

诺贝尔化学奖的得主居里夫人，她可是享誉全球的伟大科学家。1883年，16岁的波兰姑娘玛丽亚，也就是后来的居里夫人，到某贵族之家当家庭教师，她计划挣一些钱出去上大学。两年后，这家的长子卡西米尔与玛丽亚相恋，玛丽亚刚过19岁，他们计划结婚。（当然，如果结婚了，再上大学就难了。）可是，由于门第不同，他们的婚姻遭到卡西米尔父母的坚决反对，意志薄弱的卡西米尔屈从了父母。玛丽亚痛苦万分，竟准备"同尘世告别"，但她终于凭着顽强的意志克制住自己。于是，她把个人的不幸化为献身更大目标的动力，化为教育培养当地贫苦孩子的善心，以及只身赴巴黎求学的勇气。后来的事情你就很熟悉了，她不仅在巴黎遇到了志同道合的终身伴侣，更在科学上取得了巨大的成就！所以，我们也可以把这次失恋说成是一次幸运的失恋。否则，她的人生将会重写，人类将失去一位迄今为止最伟大的女科学家。

德国大诗人歌德的代表作《少年维特之烦恼》就是在他第五次失恋后写成的。这次失恋是因为他爱上朋友的未婚妻夏绿蒂，夏绿蒂告诉歌德，他们之间的关系不可能越出友谊的范围，歌德为了摆脱无望的爱情的痛苦，于是不辞而别，返回家乡医治失恋的创伤。这段刻骨铭心的爱情，让他痛不欲生，几次想了结生命，但他最终战胜了自我，把这段经历写成了一部伟大的名著——《少年维特之烦恼》。在卷首歌德题写了这样的诗句：

"青年男子谁个不善钟情？

妙龄少女谁个不善怀春？

这是人性中之至洁至神；

啊怎么从此中有惨痛飞迸！

……

可爱的读者哟，你哭他，你爱他，

请从非毁之前救起他的名闻，

你看呀，他出穴的精魂正在向你目语：

请做个堂堂的男子罢，不要步我后尘。"

好了，子涵，关于爱情我们就先谈这么多吧，这短短的四封信，希望能带给你一些关于爱情的思考和启迪。也预祝你收获甜蜜、幸福的爱情！

此致
学业顺利！

老师：刘洁

十二月二十一日

做一名阳光快乐的大学生

第一封信　你为什么不快乐？

亲爱的小琳同学：

　　你好！

　　很高兴本学期能上你们班的课，而且还是你们新生第一天上课的第一节课！

　　我记得在那节课上，我和同学们进行了交流，发现大家对近一个月的军训、学校的管理制度大致都有了一定的了解与认识，不过部分同学对学校的管理制度也存在一些看法。

　　为了能尽快了解同学们当前所面临的问题、苦恼和困惑，我在课堂上布置了一道作业题，要求大家用传统交流的方式给老师写一封信，说说你们军训期间的感受以及对自己未来的期待，我想通过这种方式了解同学们都遇到了哪些问题，又是如何面对进而化解这些问题的。

　　小琳，从你们班的作业来看，你写的这封信对我触动很深，从信中我看到了一个不知道如何是好、无所适从的你。总是想静下心来好好学习以开创美好的未来，但父亲的失业带来的家庭矛盾激化，让你徒增了不少烦恼学校管理学生的要求很繁杂，难以适应；舍友间因地域、性格等差异带来的摩擦让你倍感压抑。你为此陷入了无穷无尽的烦恼中，以至于在军训期间注意力无法集中而屡屡出现问题。现在的你不知如何是好，整天感觉心不在焉，忧心忡忡，打不起精神，在课堂上无法集中注意力，怎么也体会不到高中老师所说的快乐大学生活！

看完你的这封信，我百感交集，非常感谢你对老师的信任！我想还是采用传统书信的交流方式，和你一起探讨一下"如何快乐地度过大学生活"的话题，希望能对你有所启发。若我这封信还是不能解决你的问题，你可以打电话或使用微信等方式联系我，也可以约个时间我们见面好好聊聊这些问题。

其实，在我们每个人的一生中，无论是年少或年老，富贵或贫穷，显赫或平凡，成功或失败，都会经历这样那样的挫折和困难，谁都会遇到许多令人烦恼的事情，这其实都是人生的常态。但当人们遇到这些问题时，有些人往往轻则心烦意乱，重则痛苦不堪，甚至会萎靡消沉、悲观失望，失去面对生活的勇气和信心。

作为大学新生，每天面对的是复杂的管理制度、严肃的校纪校风，大家似乎每天都在忙碌着，忙训练、忙学习、忙社交、忙社团活动、忙兼职，也有的忙着玩各式各样的电子游戏……在高度负荷、高度紧张的大学学习生活环境中，如果自己不能适时调整心态，很容易产生各种各样的负面情绪。比如，有些同学一味埋怨学校这不行那不好，整天怨天尤人，这不仅加大了自己的心理负担，还忽略了自己真正的内在心灵需求，甚至还有的同学因适应不了新生活而直接选择退学。我们看到，也有些同学则用阳光般的心态面对所有遇到的新问题，因为他们知道，计较、抱怨、逃避都解决不了任何实际问题，过后自己还是得去做你不想做的事情，与其抱怨，还不如早点调整好心态，用积极的心态面对正在发生或即将发生的问题，因为他们始终相信"既来之，则安之，并乐之""方法总比问题多"，努力地尝试着去检验"世上无难事，只要肯登攀"的道理。

你可能会问：为什么同学间会有那么大的差异？其实问题的本质就在于我们每天都在忙忙碌碌，却忽略了我们自己真正的内在心灵需求，直至有些同学忙到心力交瘁，被失眠困扰得头昏脑胀，被抑郁折磨得痛不欲生，被焦虑洗刷得无法安宁，此时此刻的我们才开始思考并追问自己：为什么我感受不到开心与快乐？为什么年龄越大，我的烦恼反而越多？为什么我越忙越感到空虚？毕业时我还能顺利考上公务员吗？我以前的快乐现在到哪里去了？

到底是什么导致了我们快乐不起来？是什么让我们的脸上挂满了忧愁，看不到青春、阳光的笑脸？我想这可能也是你最想知道的一些问题吧？那就让我们一起来了解一下不快乐产生的原因吧！

其实我们不快乐的原因是有很多的，概括起来不外乎有以下三点：

一是客观环境因素的影响。主要包括社会、学校、家庭等因素。首先，我们先说说社会环境的影响。同学们大都处于18至22岁年龄阶段，生理发育都成熟了，但心智还处在成长成熟期。你们这一时期的大学生虽已是成年人，但并没有真正走上社会，人生阅历相对简单，社会认知、人际关系的认知、人生理想与信念的认知等都比较肤浅。当前我国正处于一个经济、科技快速发展的时期，大学生接受新事物较快，主体意识、平等意识也在逐渐增强，在价值观的选择上已不再受过去传统、封闭的一元价值观的约束，有着自己的独立意识。同时社会上的一些消极现象，如浮躁、过度消费、拜金、就业中的不公平竞争等，也会在潜移默化中影响着你们，容易引发焦虑不安等负面情绪。

小琳，你在校园里可能会看到个别同学，厌学情绪很严重；有一些同学则处于高不成、低不就的心态，入校后仍一直处在高考失败后的低落情绪之中，带着满不在乎的心态来对待学校的管理；还有些同学对部分学生干部管理过程中的管理方式不够人性化而产生害怕甚至抵触心理，进而出现学风不正、作风散漫、沉迷游戏等逆反行为。以上这些同学，就是因为他们无法适应学校环境所导致的不快乐。

从家庭环境上看，家庭是我们思想启蒙之地、情感寄托之所，是我们成长的摇篮。所以，家庭对大学生心理影响的作用不可低估。大学生家庭的经济状况、自然结构、人际关系、教育抚养方式以及家长的素质等对我们的心理都有直接或间接的影响。比如家庭经济条件不好的大学生，容易产生自卑、敏感、多疑及安全感缺乏等问题。再比如，家庭人际关系的和谐与否深刻影响警校生的心理发展，父母的不幸婚姻，必然给孩子带来心理阴影。还有父母对子女在生活与学业上两面性的要求，也容易引发诸多的问题，生活上的包办使子女任性、骄横，适应能力差、交际能力弱，而学习上"望子成龙、望女成凤"容易导致诱发子女的恐慌、焦虑、脆弱；简单、粗暴的家长制手段，容易使子女形成敏感多疑、自卑易怒、偏执敌对等不健康的品质。

小琳，我觉得你目前不快乐的主要原因可能是你的家庭环境造成的，它不仅包括经济方面的，也包括家庭人际关系这方面的原因。不知你是否同意我的观点？不同意也没关系，我们可以慢慢交流。

二是人际交往导致的心理落差。由于大学生大多是独生子女，成长环境和接触人群相对单一、单纯，无论是家庭生活还是学校的教育生活，他们都是主体、核心。这就容易导致这类同学心胸不够开阔，心理承受能力差，缺乏合作意识和吃苦耐劳精神，以至于适应环境的能力和自我调整能力相对较差，难以迅速地适应与各种类型的人交往，从而出现各种问题与矛盾，心理落差增大。你们宿舍舍友之间出现的矛盾我想应该是这一类吧？

小琳，你要知道，面对各种复杂多变的人际关系和多种多样的社团环境，容易与身边的人产生一些心理隔阂，主要表现在以下几种"心"：一是因涉世不深，社会经验不足致使自己不敢和人接触而产生的怯懦心；二是因不信任他人，容易捕风捉影地认为别人不喜欢自己、排斥、恶整自己而产生的猜疑心；三是因总爱与别人抬杠，以表明自己的标新立异的观点而导致别人反感的逆反心；四是因把交朋友当作是逢场作戏，只做表面文章，日久天长而逐渐露馅的虚伪心；五是因对自己无关的人和事一概冷漠对待，其他人怕"冻着"而逐渐远离的冷漠心等。这五类"心"会让我们与他人之间形成一道无形的墙，硬是把他人挡在墙外，阻碍我们与他人的正常交往。当新生总以惯性思维思考如何处理复杂多变的人际关系时，就会产生害怕、逃避、焦虑及偏执压抑等不良情绪，并渐渐演变为孤独抑郁等更为严重的心理问题。这些表现，在你身边的同学中能找到一些吗？

　　三是就业出路不顺畅导致的焦虑。还有就业问题造成的困扰也不可忽视。近年来就业形势比较严峻，岗位竞争变得尤为激烈。部分同学在多渠道就业心理准备不足，就业想法过于理想、单一，很容易陷入"就业难"的境地，出现较大心理压力，容易从心理上否定自己，认为自己处处不如人，由此产生自卑心理，并引发郁闷、焦躁及焦虑等心理。

　　客观环境、人际交往障碍和就业出路不顺畅成了大学生不快乐的三大原因。因此，如何摒除不良心态，调整情绪，塑造良好心态，促进身心的健康发展，是我们每个大学生都应该重视的现实问题。好了，时间晚了，下次我们再接着聊，晚安！

　　此致
生活愉快！

关爱你的老师：李运兰

十月八日

第二封信　如何才能让自己具有阳光心态?

亲爱的小琳同学:

　　你好!

　　很高兴能及时收到你的来信!你说看了我的回信,对自己不开心的原因也进行了详细的分析。你静下心来想了想,把家里的事情捋了捋前因后果,终于想明白了一个道理:烦恼不是解决家庭问题的关键,而是行动!自己若还是以这种消极心态在学校学习下去的话,不仅减轻不了母亲的负担,反而会增加她的负担,这不是自己想要的也不是母亲想要的结果。你来信问有没有什么方法让自己开心快乐起来?

　　说实话,老师还真没想到你如此迫切想改变自己,那么快就给老师写回信了,太高兴了!那我就接着上次的话题和你聊一聊让自己快乐阳光起来的方法!希望这封信能帮到你。

　　我记得英国作家查尔斯·狄更斯在《双城记》中写道"这是一个最好的时代,也是一个最坏的时代"。我们今天似乎赶上了一个最美好的时代,同时我们也赶上了一个最糟糕时代。为什么这样说呢?因为人类社会进入了前所未有的高速度发展期,现代科技越来越发达,物质生产极大丰富,但同时,世界面临的挑战也层出不穷、风险日益增多。在这个充满机遇和挑战的时代里,每一个人都不可能摆脱压力和困扰,都会遇到这样那样的问题,我们往往会变得不知所措,无所适从。但你要知道,此时的我们是可以选择用各种各样的方法来解决这些困扰或问题的。

比如说我们可以通过学习和训练来塑造阳光心态，这样我们就会有力量去抓住机遇、迎接挑战，才能在这快速变化的社会中生存，收获成长。

其实，许多人的一生并不缺乏才华和能力，也不缺少机遇，但他们总是与成功擦肩而过。在无数激烈的竞争中，他们并不是被别人打垮的，而是被自己击败的。事实上，能击垮人的不是生活本身，而是人们面对各种挫折时所抱有的心态。小琳，我们就来谈谈关于"心态"的问题吧。

我们经常评价某人"心态好"或者"心态不好"，这里所说的"心态"，其实就是人的意识、观念、动机、情感、气质、兴趣等心理素质的一种综合体现。它是人的心理对各种信息刺激做出反应的趋向，而这种趋向对人的思维、选择、言谈和行动具有导向和支配作用。人们如果学会用阳光心态去面对生活，就能享受生活回馈的快乐。

那你可能会问，阳光心态是指什么呢？顾名思义，阳光心态就是像阳光一样的心态呀，阳光带给我们的是光明和温暖。所以，清华大学吴维库博士认为，阳光心态是指积极、知足、感恩、乐观开朗的一种心智模式，它能够让我们带着好心情去创造成功、体验过程，阳光心态通过缔造知足、感恩、乐观的心智模式来实现自己同自己的和谐。它是相对不良心态即非阳光心态而言的，因而阳光心态也可表述为：一个人身心健康、乐观向上、充满激情、永远年轻的心态。

我相信这段时间以来你的不良（非阳光）心态对你造成的负面影响肯定不小。其实，对于不良心态你不要过于担心害怕，人就是一个情绪性的动物，愉快、惊奇、悲伤、厌恶、愤怒、恐惧、轻蔑和羞愧，这些都是人的基本情绪。

你发现上述情绪中除了愉快是正面的，惊奇是中性的外，其余六类情绪都是负面的。由于人的负面情绪占人的情绪中的绝大多数，因此人会不知不觉就会进入不良情绪状态中。塑造阳光心态的目的就是要把兴趣和愉快这两类好情绪调动出来，让我们经常处于积极的情绪当中。好的情绪会使你产生向上的力量，使你喜悦、生气勃勃，遇事沉着冷静，缔造和谐；差的情绪会使你沉沦，使你忧愁、悲观失望、萎靡不振，甚至颓废；你的情绪不好，就容易跟别人发脾气，不愿意配合别人的工作，人际关系就会变得紧张敏感，就会变得不快乐。

判断一个人幸福快乐与否，并非取决于你的外在条件（如长相、财富、处境等），而在于你如何把自己的积极情绪调动起来，调整好自己的心态，去接受人生的各种考验。我们只有拥有良好心理素质和健康的心态，在面临困难和挫折时才能及时地调整自己，理性地看待困难和挫折，这样才会让你忘掉劳累和忧虑，保持乐观、自信的心态，就会促使你不断前进，并最终战胜困难和挫折，从而拥有成功的人生。"能控制好自己情绪的人，比能拿得下一座城池的将军更伟大。"拿破仑的这句名言说的就是这个道理。

那么，要通过什么方式才能塑造出阳光心态呢？

首先，改变态度。我们改变不了事情就改变对这个事情的态度。现实生活中我们会发现，事情本身不重要，重要的是你对这个事情的态度。态度变了，事情就变了。小琳，一件事情对自身造成什么样的影响，起主导作用的还是你对这件事情的态度。《名人故事》一书中讲到过古希腊的大哲学家苏格拉底的故事，他无论身处何种环境，总是乐呵呵的：和几个朋友挤在一间只有七八平方米的小屋里时，他乐呵呵——朋友们在一块儿，随时都可以交换思想，交流感情；当一个人独居一个小屋时，他乐呵呵——跟很多书本在一起，可以安静地读书，时时刻刻向书本请教；当他居住在七层大楼的最底层，楼上老是往下面泼污水、丢死老鼠、破鞋子和杂七杂八的脏东西时，他乐呵呵——进门就是家，搬东西方便，不用花力气爬很高的楼梯，还能养花种菜；当他居住在七层大楼的最顶层时，他乐呵呵——每天上下几次，提供了锻炼身体的机会，顶层安静光线又好，看书写文章不受干扰还不伤眼睛。他的学生柏拉图在揭示老师总是"乐呵呵"的秘密时说："决定一个人心情的，不在乎环境，而在于心境。"

可见，事情没有好坏之分，关键是我们对事物的态度。当一个人改变了对事物的看法，事情就会随之改变。苏格拉底拥有好心态是他每天快快乐乐的必要条件。心态的好坏是可以通过后天的修炼而获得的，我们完全可以通过修炼，拥有一个阳光的心态来成就我们的事业，改变我们的人生，就如名言说的那样："自己丰富才能感知世界的丰富；自己好学才能感知世界的新奇；自己善良才能感知世界的美好；自己坦荡才能逍遥地生活在天地之间。"

其次，享受过程。小琳，你要知道生命是一个过程而不是一个结果，如果不会享受过程，结果可能就会充满遗憾。曾经有人说过，生命就如一个括号，左边括号是出生，右边括号是死亡，我们要做的事情是填括号，我们总是希望用靓丽多彩的事情，好心情把括号填满，这样等到了右括号人生结束时就不会留下那么多遗憾了。可这世界总会有阴暗面，因为有阳光的地方总会有阴暗，有的人选择看到阳光，他们能把人生看得丰富多彩，充满挑战与希望，而有的人则选择只盯着黑暗处，抱怨世界的黑暗与不公。当前社会竞争日趋激烈，竞争意识也开始潜移默化地渗透到人的骨子里了，它会令人烦恼，焦虑，也会让人心态变差。但是，我们同时也要看到社会竞争激发了我们的潜能，培养了我们团结协作意识，竞争反而使我们更快地成长。这样看来，竞争也会带来快乐。所以，不管我们经历着什么，都要学会辩证地对待它，享受生命中的每段经历和过程。

再次，活在当下。"活在当下"这词来源于禅说。曾有人向一位禅师请教如何修行，禅师笑着说："饥来吃饭，困来眠。"这个人听完很费解，反问道："可大家都是这样，为什么没有人成为禅师这样?"禅师回答说："不是的，他们吃饭时想着睡觉，睡觉的时候又想着吃饭。而我吃饭就是吃饭，睡觉就是睡觉。"

由此可见，人活着，千万不要想太多。当过去已不可改变，那就要把握好现在。不去追忆过去的荣耀，也不悔恨过去的过错，更不去盲目地憧憬未来、活在幻想中，而是脚踏实地，好好把握珍惜今天，珍惜此时所拥有的一切。

　　小琳，你觉得什么事情、什么人、什么时间是最重要的？有的人会说，升官、发财、买房等是最重要的事情，最重要的人是父母、爱人、孩子，最重要的时间是高考、婚礼、毕业典礼。其实最重要的时间就是现在，这就是活在当下的观点。

　　托尔斯泰在他的散文名篇《我的忏悔》中讲了一个这样的故事：

　　有一个人在森林中漫游的时候，突然遇见了一只饥饿的老虎，老虎大吼一声就扑了上来。他立刻用生平最大的力气和最快的速度逃开。但是老虎紧追不舍，他一直跑一直跑，最后被老虎逼到了悬崖边上。站在悬崖边上，他想：与其被老虎捉到，活活被咬、肢解，还不如跳下悬崖，说不定还有一线生机。他纵身跳下悬崖，非常幸运地卡在一棵树上，那是长在断崖边的梅树，树上结满了梅子。正在庆幸的时候，他听到断崖深处传来巨大的吼声，往崖底望去，原来有一只凶猛的狮子正抬头看着他。狮子的声音使他心颤。但转念一想：狮子与老虎是相同的猛兽，被它们吃掉的话，结果都是一样的。当他一放下心，又听见了一阵声音，仔细一看，一黑一白的两只老鼠，正用力地咬着梅树的树干。他先是一阵惊慌，但立刻又放心了，他想：被老鼠咬断树干跌死，总比被狮子咬好。情绪平复下来后，他感到肚子有点饿，看到树上的梅子长得正好，就采了一些吃起来。他觉得，一辈子没吃过那么好吃的梅子，之后就找到一个三角形树枝休息。他想着：既然迟早都要死，不如在死前好好睡上一觉吧，于是他在树上沉沉的睡去了。睡醒之后，他发现黑白老鼠不见了，老虎、狮子也不见了。他顺着树枝，小心翼翼地攀上悬崖，终于脱离险境。

　　原来就在他睡着的时候。饥饿的老虎，按捺不住，终于大吼一声，跳下悬崖。黑白老鼠，听到老虎的吼声，惊慌逃走了。跳下悬崖的老虎与崖下的狮子，展开激烈的打斗，双双负伤逃走了。

　　从这故事里我们可以认识到，自从我们生命诞生的那一刻开始，苦难，就像饥饿的老虎一直追赶着我们。死亡，就像一头凶猛的狮子，一直在悬崖的尽头等待。白天和黑夜的交替，就像黑白老鼠，不停地用力咬着我们暂时栖身的生活之树，总有一天我们会落入狮子的口中。我们既然知道了生命中最坏的情景是死亡，唯一的路就是安然地享受树上甜美的果子，然后安心地睡觉，好好享受你在世上的每一分每一秒，珍惜现在，活在当下。

　　小琳，如果你刚和你的家人或同学闹了矛盾，产生了不愉快的心情，那请你看看，窗外那晴朗的天空和那缥缈的白云，还有那欢快地唱着歌儿的小鸟，你想想自己是否又错过了美好的一天呢？其实有些人、有些事，不要去刻意强求，调整好心态，放下了也就无所谓了。

　　时间不早了，老师希望你放下所有的烦恼，好好去睡一觉吧！明天一早起来又是新的一天！

　　此致
快乐！

　　　　　　　　　　　　　　　　　　　　关爱你的老师：李运兰
　　　　　　　　　　　　　　　　　　　　　　　十月十二日

第三封信　怎样做个快乐的大学生？

亲爱的小琳同学：

　　你好！

　　上个周五下午，刚刚走出教室，你就约我在教学楼下的小花园聊天。你想找老师寻求周末回家说服你父亲的方法。你主动积极寻求问题解决方法的急切心情，让我看到了一个勇于担当家庭责任的你，你在成长！我很欣慰也很乐意给你提供任何你需要的帮助。

　　今天又收到了你写给我的信，你说上周末与父亲进行了一次开诚布公、推心置腹的谈话。父亲最终被你说服，答应会根据自己的条件主动寻找再就业的机会。你真棒，给你点一个大大的赞！

　　你说你现在没有后顾之忧了，要把精力转移到做好自己的事情上来，希望在大学期间尽快适应环境，顺利完成自己的学业，为将来找工作做好充分的准备。你很满意你现在的状态，希望能一直保持下去。所以，希望老师再跟你谈谈，"如何能让自己保持阳光心态，做一个快乐的大学生？"看到你这样说，老师感到很欣慰，因为你没有被眼前因心态调整而带来改变的喜悦冲昏头脑，而是想到了在今后的学习生活中，可能还会因为某些困难和挫折而影响到自己的心态和情绪。的确，人有七情六欲，每个人心态和情绪总是会有起伏和波动的，我们常常会被一些负面情绪所困扰，需要我们学习和运用一些心理学知识，尽快地摆脱困扰让自己快乐起来，我们也正是在这个过程中获得成长的。

那么，作为一名大学生，如何才能尽快适应大学的学习与生活，保持阳光心态，做个快乐的大学生？老师认为要从这样几个方面努力。

一是要认识自我，悦纳自我。古人云"人贵有自知之明"。人的心态变化是由人的认知评价引起的，当一个人对自己的认识越正确，就越知道自己的长处和短处在哪里，同时表现出来的行为就越自然，越得体，结果就越能获得别人积极肯定的评价。积极的认知评价，既是对自己进行有效合理的评价，客观认识自己的长处和缺点，同时还包括客观对待别人的长处和优点，汲取和学习别人的优点，提高自己。当一个人对周围的事物或自己的行为、思想做出错误的评价时，就会给自己以不良的暗示，导致各种消极心态的产生。大学生中常见的消极认知评价主要有思想绝对化、小题大做、极端化、自大或自卑等。

积极的自我观念是建立在对现实自我的全面、客观认识基础上的一种积极态度。由于受认知能力和发展水平的限制，一部分大学生对自己的评价往往会比较片面和容易走极端。比如一个人如果对自己评价过低，看不到自己的进步和优点，夸大自己的缺点，不断怀疑自己的能力，则很容易产生自卑感。但如果对自己的评价过高，而自己又不能正确认识到评价远远高于自己实际水平时，则容易助长骄傲自大的情绪。其实骄傲、自卑都是不良的自我观念，对个体的成长危害性极大。因此我们只有正确地认识自我，形成积极的自我观念，才能客观公正地、实事求是地认识和评价自己，既相信自己是有能力的、有价值的、重要的，又能看到自己不足，相信自己能够克服自己的缺点，从而获得不断的进步。

小琳，其实每个人都知道自我是最重要的，但并不是每个人都会尊重自己，爱惜自己的。悦纳自我就是要无条件地接受自己的一切，好的坏的，成功的失败的。不仅要欣赏自己的优点与成功，肯定自己的价值，而且还要接纳自己的缺点和失败，认识自己的局限性，不要对自己要求过高。这就需要我们坚持定期反省自己，多对自己的成绩做出鼓励和奖励，及时获得成功的体验即积极的情感体验。只有对自我有积极的情感体验，就会悦纳自我，就会对自己有期望和要求，就有实现自我的可能。

二是不怨天尤人，做好自己应该做的事。 先给你讲个故事：在威斯敏斯特教堂地下室里，英国圣公会主教的墓碑上写着这样一段话：当我年轻自由的时候，我的想象力没有任何局限，我梦想改变这个世界。当我渐渐成熟明智的时候，我发现这个世界是不可能改变的，于是我将眼光放得短浅了一些，那就只改变我的国家吧！但我的国家似乎也是我无法改变的。当我到了迟暮之年，抱着最后一丝努力的希望，我决定只改变我的家庭、我亲近的人——但是，唉！他们根本不接受改变。现在在我临终之际，我才突然意识到：如果起初我只改变自己，接着我就可以依次改变我的家人；然后，在他们的激发和鼓励下，我也许就能改变我的国家。再接下来，谁又知道呢，也许整个世界我都可以改变。

这个故事让我们懂得了一个道理，生活中很多事物是我们无法改变和把控的！与其把我们的精力花费在去抱怨和不满上，还不如选择先把精力放在当下自己能做好的事情上。

三是要学会调节情绪。 生活中，谁都有被情绪所困扰的时候。但一个真正成熟的人，会懂得守住理性的高地，不让坏情绪冲破防线，进而伤害到周围关心、关爱自己的人。情绪的好坏对我们的心理健康有着密切关系，也直接关系到我们能否很好地适应社会与获得成功。

你也许会说，调节情绪不就是把自己的脾气压下去吗？其实，你说的也有一定的道理，但不完全对。在我们调节情绪的过程中，情绪的控制并不等于单纯对情绪进行压抑，因为过分压抑情绪会导致许多冲突以及消极反应。我们应当认识到每个人都具有对自身情绪进行公开表达的权利，同时也要具有控制自身不良情绪的能力。当我们在日常生活与学习中出现了负面情绪时，我们可以通过找亲朋好友诉说、通过写日记来对自己进行倾诉，来宣泄放松自己的情绪；可以通过听自己喜欢的音乐来使自己的情绪得到舒缓；可以通过阅读书籍杂志转移自己的不良情绪；还可以通过娱乐消遣、体育运动以及旅游来消耗自身的多余精力，从而让我们从负面情绪中转移出来。当我们面对压力和挫折无法自我调节而陷入困境时，还可以向学校老师尤其是心理学老师求助，他们会给予我们专业、有效、及时的劝解和开导，帮助我们增强自信心，改善情绪，减少消极情绪，形成积极的自我。

小琳，老师之前布置写封信的作业也是让大家把入学以来想说又不敢说的牢骚、苦水倾倒出来。你今天给老师写的这封信，从某种角度上看，也是缓解不良情绪，寻求解决方案的最佳方法之一。

四是要确立目标，拓宽兴趣爱好。对于任何一个人而言，人生都是一个为了生活理想的实现而做出努力奋斗的过程。生活理想往往由各种短期目标来构成，如果大学生仅仅具有远大的人生理想，而没有实施的规划，就很容易陷入人生理想难以实现的迷茫和痛苦之中。

最近几天，我刚好在微信朋友圈里看到了一篇江苏省张家港市的王开东老师的文章《成为热血青年的三个理由》，感触很深，我也转发到你的微信号去了，希望你能好好读读。文中提到，现在的青年都会面临孤独和懒惰，也会有精神危机，那么青年人怎么才能活出生命的意义？王老师提出了三条建议：一是"有事做"，二是"做有意义的事"，三是"把有意义的事情价值最大化"，在做事情中找到自信，进而产生希望，收获快乐。文中提到一个小姑娘，把老师所授课的精华知识用于生活中，解决生活问题，将知识全部"活"化出来，伴随而来的是进行大胆的实践创新并赋予其意义，以确保自己的每一天都没有虚度，每一天都活得充实与快乐。这个小姑娘是值得我们青年人学习的。王老师提出要学会给自己的事情赋予意义，不仅可以在做事情中找到自己，也给自己的人生提高了价值，视野境界也全部得到了提升。

小琳，你刚从高中阶段的埋头苦读中缓过神来，连自己"喜欢做什么、能够做什么"的问题尚未真正弄明白，找不到学习、生活的方向，眼前只剩一片迷茫。"迷茫"似乎成了当代大学生的"标签"。你知道吗？战胜"迷茫"的利器，就是要确立自己的学习、生活目标！只有有了新目标，确保自己每天都向目标更近一步，才能感到每天都是充实和快乐的，才能走出迷茫，才能强化自身的进取心与自信心，勇于面对和战胜各种困难和挑战！

对了，老师还想提醒你，在警校学习、训练之余，你还有比较充裕的闲暇时间。一个人闲暇生活质量的高低，会直接影响到其能否完整、全面、健康地发展自我。

爱因斯坦曾经说过："兴趣爱好是最好的老师。"兴趣爱好是人们认识和从事活动的内在动力，对人格的形成和发展起着重要的作用。一个没有一点兴趣爱好的人，一定是一个单调乏味的人。兴趣爱好不仅是个人才艺的表现，也是一种对生活的态度。有兴趣爱好的人，总是对生活充满了探求的好奇心，总会给自己、给别人带来无限的惊喜。警察院校有严格的组织纪律、刻苦的警体训练和相对封闭的校园，因而警校生更需要有各种文化娱乐活动、休闲娱乐活动来舒缓神经、发展特长，娱乐身心。当一个人在闲暇之余能够全身心投入到自己的兴趣爱好中，即使是十分疲倦和辛劳，也总是兴致勃勃、心情愉快的，即使困难重重也不会灰心丧气，而是想尽各种办法去克服它，这会让大学生活充满情趣与快乐。

五是积极参加体育锻炼，强心健体。众所周知，心理是人脑的活动。心理的健康发展，必须以健康的身体，尤其是以健康发展的神经系统和大脑为物质基础的。而体育运动可以影响人体的内分泌，大脑在运动后会产生一种名叫"内啡肽"的物质，人心情的好与坏，同大脑分泌的内啡肽多少相关，内啡肽因此也被称为"快乐激素"或"年轻激素"，它能让人感到欢愉和满足，帮助人排遣压力和不快。

当我们认识到产生快乐的物质条件时，我们就需要去激活它。坚持参加体育运动能促使我们身体健康地发展，并对提高自身的认识水平，培养良好的情绪和意志品质，形成优良的性格品格起到积极作用。体育运动可以使人的注意力发生转移、情感发泄、兴趣改变、紧张程度得到松弛、情绪趋向稳定，可以为各种消极情绪提供一个合理的发泄口，从而消除情绪障碍，达到心理平衡。所以，经常参加体育运动也是调节和控制心态的一种良好方法，有趣的、自己喜爱的运动对减轻人的焦虑、抑郁、恐惧等不良情绪具有很大的帮助。

通过体育运动可以将各种烦恼、不安的情绪发泄出来，缓解心理压力，形成稳定的心理状态。所以，体育运动不仅有助于培养我们强健的体魄，还是我们缓解自身负面情绪的有效方法。小琳，你有没有这样的体验呢？建议当你情绪不好时，去操场跑跑步，或者找同学打打球，你会发现忧愁和焦虑会随着汗水从你的心里排出来。

六是直面挫折，磨练人生。巴顿将军曾经说过："衡量一个人的成功标志，不是看他登到顶峰的高度，而是看他跌到谷底的反弹力"。这种反弹力，就是一个人在面对困难、承受挫折时所表现出来的坚强和毅力。"不经历风雨，怎么见彩虹""阳光总在风雨后"这些歌词道出了这样的人生哲学：一帆风顺的人生几乎是不存在的，人人都有可能遭遇挫折经历逆境。挫折和逆境对悲观者来说是万丈深渊，对乐观者而言则是一笔宝贵的财富，因为乐观者他懂得，只有跨过人生路上必经的挫折，才会收获可能的成功。我们知道挫折是不可预测的，勇于克服挫折才显得更加可贵。

小琳，生活中我们不难发现，一切困难与挫折都是对人生的一种磨练，一个人的言行举止是受到个人思想的指引，如果我们希望成就一个绚丽多彩的美丽人生，就要深刻领悟"阳光总在风雨后"的真谛精髓，树立个人正确的"挫折商"（AQ）。

挫折商也被称为逆境商。它是指人们面对逆境时的反应方式，即面对挫折、摆脱困境和超越困难的能力。这是近年来除了智商（IQ）、情商（EQ）外，较为流行的一个新概念。IQ、EQ、AQ 并称"3Q"，是人们获取成功必备的不二法宝。有专家甚至断言，成功 =20%（IQ）+80%（EQ+AQ）。

在市场竞争趋激烈的 21 世纪，大学生创业成功与否，不仅取决于其是否有强烈的创业意识、娴熟的专业技能和优秀的管理才华，而且在更大程度上取决于其面对挫折、摆脱困境和超越困难的能力。因此，很多高校在实施创业教育的过程中，把大学生的挫折教育、挫折商培养作为着力点来抓。

作为大学生的我们如何才能培养和提高挫折商呢？

首先，要树立正确的挫折观。面对当前激烈的市场竞争，我们想要在竞争中取胜，就必须学会在人生道路上克服所遇到的各种困难和挫折。我们成长成才的过程实际上也就是不断战胜挫折、不断磨练意志的过程。要树立正确的挫折观，可以从以下两个方面来开展：一是用积极乐观的心态面对挫折。引发人们低落情绪和不良反应的是当事人面对挫折困难时所持的态度，而非挫折本身。你知道人是具有主观能动性的，如果遇到挫折时，我们能用积极向上乐观的心态来面对所遭遇到的一切挫折，那么正面的情绪会合理管控情绪，我们就会以积极饱满的精神面貌来面对挫折，运用理智的思维，充分发挥自己的主观能动性和积极性，制定出解决的办法，最终成功克服挫折。二是要学会辩证地看待挫折。我们要一分为二地看待遭遇到的挫折，不应只看到挫折消极、不好的一面，也要看到挫折其实也在一定程度上提高了我们解决问题的能力，锻炼了我们坚强的意志，增强了我们不怕困难的信心。我们要学会争取把挫折变成前进的动力，在走向成功的道路上才会越挫越勇。

其次，要积极参与校内外的社会实践活动，参与基层和行业社会实践活动。面对多样的现实生活，解决各种实际问题，从而积累经验、吸取教训，为今后真正步入社会奠定良好的素质基础；参与拉练及野外生存等体能实践活动，可以增强我们的体力、耐力和适应能力；参与红色基地的现场学习，可以深入了解革命烈士在革命的道路上如何艰苦奋斗的，进而向英雄烈士们学习不怕困难的优良品质和英雄气概等。总之，通过积极参与校内外的各种训练和政治学习、社会实践活动，可以让我们在逆境中掌握生存的各种技能和克服困难的本领，可以培养我们吃苦耐劳的精神，锻炼我们日后面对困难和挫折不怕输、永不放弃的意志。

对于大学生而言，入学军训就是对大学生的一次挫折教育吗？首先，警校生通过军训取得良好成绩的经验，对提升自信心的作用最大。你回顾一下军训时你曾经在哪些事情做得比较好，之后你也就更相信自己是擅长于处理这类问题，未来会在面对这类问题的时候有更多的信心，这就是你的经验；其次，通过学习身边榜样的力量，看到一个与自己水平差不多甚至是更差的人在军训时获得成就的时候，能够很大程度上提醒自己"他能做到我也能做"，从而增强自信心，这样你就会拥有更好的情绪，遇到挫折时能够表现得更为"淡定"，从而让自己拓展到如何正确合理自我定位，如何矫正认知偏差，如何通过合作应对和克服各种困难，并能够进行自我疏导，一个方法不行，那就换一种方法，直到问题解决为止；再次，在军训时，教官或学生干部正面说服管教的语言，可以促进各种信息交换和内在自我感悟提升，不畏险阻，敢于竞争，时刻以健康、饱满的精神状态去面对各种问题，正确处理挫折。由此可见，军训对于磨练大学生的意志、提升抗挫力非常好处。

由此可见，警校生只有经历了军训、警务化管理等实践体验，才能铸造钢铁般的意志和强壮的体魄，才能更好地为人民服务。孟子在《生于忧患，死于安乐》一文提到："故天将降大任于斯人也，必先苦其心志，劳其筋骨，饿其体肤，空乏其身，行拂乱其所为，所以动心忍性，曾益其所不能"。孟子列举舜、傅说、胶鬲、管夷吾、孙叔敖、百里奚等六人经过贫困、挫折的磨练而终于担当大任的人的事例，证明忧患可以激励人奋发有为，磨难可以促使人有新成就。

在哈佛大学图书馆的墙面上，有这么一句励志语录："请享受无法回避的痛苦"。"享受痛苦"，表面看来是一个悖论；但细细品来，又何尝不是如此？丰富多样和生动变化的社会实践，可以为大学生挫折教育及阳光心态培育提供真实、直观的现实情境资源。大学生驾驭压力、化解压力、自我调适、奋发进取的能力和素质，是在要学知识、学做事和学做人相统一的不同境遇中反复磨砺才能获得。

小琳，我建议你积极参与各种校内外的实践活动，在实践中培养面对挫折、战胜挫折、驾驭压力、化解压力、自我调适、奋发进取的能力和素质，这些素质是要在学知识、学做事和学做人相统一的不同境遇中反复磨砺中才能获得，也是大学生人格建构进而收获成长的"必修课"，是做快乐大学生的必要途径和方法，希望你能早日认识到这一点。

好了，时间不早了，我就写到这吧！

此致

快乐！

关爱你的老师：李运兰

十月二十二日

参考文献

[1] 吴维库："塑造阳光心态"，载《北京支部生活》2007 年第 10 期。

[2] 李俊芝："塑造大学生'阳光心态'的对策和思考"，载《中国中医院现代远程教育》2008 年第 10 期。

[3] 张畅："警察类高职院校学生警务化管理优化对策探析"，黑龙江大学 2014 年硕士学位论文。

[4] 李志华：《别让情绪控制你：现代人心理调适自测自疗全书》，中国华侨出版社 2007 年版。

[5] 石磊：《好心态胜过好医生》，法律出版社 2011 年版。

大学生要有怎样的财富观

第一封信　我们应该如何认识财富？

亲爱的疆新同学：

你好！

收到你的来信很高兴！你在信中提到，上次我们讲到财富观问题的时候，通过分析当代大学生财富观的一些基本问题，使你对财富观的问题有了一个简单的了解。但是，你又觉得讲得还不够，因为当你看到身边有些同学，竟然牺牲上课时间去外面打工挣钱，然后又"大手笔"地把挣来的钱买高档手机，吃喝玩乐……你不禁又有了一些困惑：难道在校学习知识不是一种财富吗？为什么要以牺牲学习知识这种财富来换取享受享乐这种"财富"呢？财富到底是什么呢？

疆新，你的这些思考很值得我们去认真探讨。财富是一个含义广泛的概念，我们一般把它理解为有形的物质财富和无形的精神财富。但是，在我们传统的观念中，我们把有形的物质上的享受享乐，看作是我们追求财富的目标，物质上所积累的财富越多，就越成功，而我们却忽略了另外一种财富的形式——无形的精神财富。

疆新同学，你提到的"知识财富"就是一种"看不见"的精神财富，由于"默默无闻"，容易被人忽视，但是它所创造出来的价值是不可估量的。

你知道，我国的"杂交水稻之父"——袁隆平，就是依靠知识解决了世界几个世纪都没有解决的温饱问题。他小时候就埋下了理想的种子：

他幼年正值"九·一八"事变，日本侵华，并逐步侵占华北和中国内陆。日本侵略军在中国的土地上肆意妄为，奸淫烧杀，无恶不作，中国人民国破家亡，尸横遍野。这些悲惨景象，给袁隆平童年的心底留下了深深的民族创伤，也在他脑海里产生了一串串的问号：为什么中国百姓如此被人欺侮，任人宰割？为什么外国强盗在中国如此横行霸道？面对国破家亡的严酷现实，袁隆平从小就立志：他要依靠自己的知识，做一个能使中国富强、不受外国强盗欺侮的人！新中国刚刚成立的时候，我国水稻的单亩产量都很低，无法满足我国人民的需求。1959—1961年"三年经济困难"时期，我国更是出现了严重的粮食饥荒。当袁隆平目睹了这一场面后，心里受到了极大的震撼，他强烈地感到，为祖国报效的时刻到了！于是他发誓要尽快培育出亩产超过2000斤的水稻新品种，让粮食大幅度增产，他要利用农业科学技术和他自己掌握的知识来战胜中国的饥饿！从此他的创造生涯开始了，1964年6月到1965年7月，他和妻子邓哲，找到了七株雄性不育的植株。又经过八年历经磨难的"过五关"，到1974年配制种子成功，并组织了优势鉴定。1975年袁隆平又在湖南省委、省政府的支持下，获大面积制种成功，为次年大面积推广做好了种子准备，使该项研究成果进入大面积推广阶段。1988年全国杂交稻面积1.94亿亩，占水稻总面积的39.6%，而占总产量的18.5%。10年全国累计种植杂交稻面积12.56亿亩，累计增产稻谷1000亿公斤以上，增加总产值280亿元，杂交水稻为中国取得了巨大的经济效益和社会效益。袁隆平用科学发现帮助中国实现了温饱，乃至造福全世界人民！他也因此先后获得十一项国际大奖，让中国成为世界的焦点！袁隆平正是运用科学发现为全人类做出了重大贡献，这正是对知识就是财富的最好诠释！

疆新，我们应该牢记"知识就是财富"，学生时代更不能以浪费大好青春时光来换取一些蝇头小利为目标。我们应该相信物质财富是能够通过自己的知识储备创造出来的，在现代社会中，物质财富的积累在很大程度上取决于知识掌握的程度。

"古希腊七贤之首"的泰勒斯学识渊博，智慧超人，可生活非常清苦。有一次，一位商人见他穿得破破烂烂，就挖苦他说："泰勒斯，都说你知识渊博，可是你的那些知识能给你带来什么呢？金子，还是面包？"泰勒斯非常生气，立即回击那个商人："我不允许你利用我的贫穷来贬低理论知识的作用，咱们走着瞧，我会用事实教训你的。"泰勒斯回去之后，运用所掌握的丰富的天文、数学和农业知识，经过周密的预测计算，断定明年将是橄榄的丰收年，于是在冬天他就把附近所有的橄榄榨油器用很低的价格租来了。第二年，这里的橄榄果然获得了历史上从来没有过的大丰收，人们对榨油器的需求也急剧增加。可是榨油器却全被泰勒斯垄断了。于是许多人都去找泰勒斯，抢着用高价租用他的榨油器。那位曾经挖苦过泰勒斯的商人也来了。泰勒斯走上前去，嘲弄商人说："高贵的富翁，你看到了没有？这些榨油器都是我用知识搞到的，你现在也只好求助我了。我要发财，简直易如反掌。可我追求的并不是几个钱，而是知识这种无价宝，这，你有吗？"

当然，疆新，从知识到财富，中间还需要很长的路要走。那么，怎样才能实现知识到财富的转化呢？

首先，知识需要在现实中打磨，才具有价值和实用性。知识是从生活实践中获得的，当然也要服务于生活实践。把知识用于生活实践，它的效果既取决于我们对知识的理解掌握的程度和深度，也会因具体的实际情况不同而有所差别（比如：各自的智力水平，时机环境的不同，机遇的把握区别，都会影响从知识到财富的效果体现）。所以，只有经过现实的淬炼，知识才能历久弥坚，大放异彩，流芳百世。

其次，知识是动态的，不是一成不变的，必须结合个人生活实际不断进行丰富和修正。知识是固定的，一成不变的。但是运用知识的人，由于个体的特殊性，在知识的理解和实践上也千差万别。比如，同样都是某一专业的博士，投资某一领域，有的收获满满，有的失意而归。这本身就说明了，同样的知识与不同个体的结合上，出现了"变异"。会运用知识的个体，结合自身的实践对知识不断调整和丰富，不擅长结合的个体，就真的使知识变成了呆板的、一成不变的教条了。所以说，如何运用知识对个体来说，是一门艺术。

还有，知识不等于财富本身，但它是通往财富的一座桥梁。知识是获取一切物质财富的基础，但不是充分条件。获取财富，必须要具备足够的知识储备，这一点是毋庸置疑的；但具备一定的知识储备，也不一定就能够获取满意的财富，但它可以让你靠近财富，离财富更近一些。所以，我们应该学会储备知识，把它们变成一种底气，当你需要它们的时候，可以马上把它们调用出来，当机会来临的时候，你就能够通过这座"桥梁"，轻而易举地"抓住"它。

疆新，随着时代的发展，知识每几年就需要更新换代。联合国教科文组织曾经做过的一项研究显示："信息通信技术带来了人类知识更新速度的加速。在 18 世纪时，知识更新周期为 80—90 年；19 世纪到 20 世纪初，缩短为 30 年；20 世纪 60—70 年代，一般学科的知识更新周期为 5—10 年；20 世纪 80—90 年代，许多学科的知识更新周期缩短为 5 年；而进入 21 世纪时，许多学科的知识更新周期已缩短至 2—3 年。"作为年轻一代的大学生，是掌握知识的关键时期，如果用牺牲上课吸收知识的宝贵时间来换取一时的物质感官上的享受享乐，那真是一种得不偿失的行为。

疆新，我们会面临诸多的选择，也可以说人生就是一个不断选择的过程，人生的质量和品质其实都是自己一次次选择的结果。这些以牺牲学习知识的时间来换取暂时物质利益的同学，显然就是在面临选择时没有做出正确的选择。目光短视，在诱惑面前禁不起考验，正所谓丢了西瓜捡芝麻，会让我们失去培养创造更大财富能力的机会。

20 世纪 30 年代，美国有一位年轻人，他特别想发财，一天到晚想着自己怎样才能发财，怎样可以成为百万富翁、千万富翁、亿万富翁。可是怎样才能实现自己的梦想呢？他想到先找一位有钱的富翁问一问，看看人家是怎么发财的。于是这位年轻人拿来了当时的富豪排行榜，找到了当时排名第一的美孚石油公司的洛克菲勒。洛克菲勒从小的日子过得也很苦，也没有上过什么学，最后却成了亿万富翁。这位年轻人很想知道其中的奥秘所在。所以，有一天，他来到了洛克菲勒的家门口，正好是洛克菲勒本人给他开的门，小伙子介绍说："您好，我是一位十分想上进的人，我想和您讨教一下，您是如何成为亿万富翁的?"这时，洛克菲勒答非所问的对这位年轻人说："今天家里的佣人都放假了，我现在只能找到一个西瓜来招待你"。于是他把西瓜切成了大小不等的 3 块，对小伙子说："如果这 3 块西瓜代表你以后可能得到的不同利益，你如何选择?"年轻人选择得十分快，他拿起了那 3 块西瓜中最大的一块吃了起来。而洛克菲勒先生则选择了其中最小的一块吃了起来。就在年轻人还在吃着那块最大的西瓜时，洛克菲勒已经吃完了那块最小的瓜，随手又拿起另外的一块，冲着年轻人哈哈大笑，之后又把第二块西瓜也吃完了。这时，年轻人一下子就明白了其中的道理。这 3 块西瓜中，虽然小伙子拿的是最大的，但是洛克菲勒先生吃的 2 小块加起来，可比年轻人吃的那一块多。吃完西瓜，洛克菲勒跟年轻人讲了自己成功的经历。最后对年轻人说："要想成功，你先要学会放弃眼前的那些利益，这样才能获取长远利益，这就是我的成功之道。"

所以，疆新，在我们年轻的时候，不但要认识到知识的重要性，还要做好选择，千万不可因为眼前的蝇头小利而错过了努力学习知识的大好年华。柳青先生曾说过："人生的道路虽然漫长，但紧要处往往只有几步，特别是人在年轻的时候。"

年轻就是宝贵的财富，甚至年轻时所经历的苦难也是一笔宝藏。人的一生没有谁是永远一帆风顺的，那只是一个美好善良的祝福。假若人生没有苦难，在某种意义上说就是一种灾难。

疆新，我们都知道，在人生的道路上，如果一直是处于风平浪静、无忧无虑的境地，这样就不会出现优胜劣汰，人类也不会进步，社会向前发展就成了一句空话。然而，当我们具有独立人格和理性思维之后，每当在审视自己的内心时，总会欣然发现，让我们记忆深刻的就是曾经被视为磨难和困苦的境遇和事件。也许，有时不得不说，"苦难"可能是上天赠给人类最好的礼物。

当然，疆新，没有人愿意一生与苦难相伴。我们只是希望把"苦难"转变为生活的勇气和动力。因为"阳光总在风雨后"，"吹尽黄沙始见金"。我们都喜欢第29届奥运会的吉祥物福娃，但是你知道它的设计者韩美林的人生经历吗？韩美林，1936年出生在山东济南的一个贫苦家庭，两岁丧父。由于家中无力供他上中学，13岁就成了部队的通讯员。"文革"期间，因与田汉、邓拓的关系而遭批斗。1967年，韩美林被造反派踩碎了脚骨，挑断了右手筋，押上街头游行，度过了4年多的监狱生活。他一生命运多舛，连病魔也不放过他。他与糖尿病相伴十几年，后来又因为劳累型心肌梗死做了心脏搭桥手术，得到了万分之一的生还机会。他在《闲言碎语》一书中表达过自己的人生感悟："失败、嘲弄和羞辱，绝对是一种动力。世界的美好也在于有丑的东西，人家折磨你，你再想不开，这不是和别人一起折磨自己吗？我看不如奋发前进的好，前面有鲜花，不全是荆棘。"他最终把生活中的苦汁酿成了甜美的蜜，为人间的美好贡献了自己的力量。

英国首相丘吉尔曾经说过："苦难是财富还是屈辱？当你战胜它，它就是你的财富；当困难战胜你，它就是你的屈辱。"

所以，亲爱的疆新同学，我们在年轻的时候，可以没有金钱，可以过清苦的日子，这并不可怕，因为"苦难"最终会在我们努力拼搏的时候"弃"我们而去。这就使得"苦难"变成了值得我们骄傲的一笔人生财富，才是我们所有年轻人经过历练后的飞翔！

此致
学业顺利！

老师：袁国玲

十一月三日

第二封信　如何看待"炫富"和
"裸条贷"现象?

疆新:

　　你好!

　　来信已经收到。疆新,从你的信中获知,继我们上次谈话之后,你心中有了一个目标,就是要好好利用大学的学习资源和环境,在知识的提升和巩固上更上一个台阶。我很欣慰,因为你认识到了大学生活中,除了参与一些社团活动之外,最重要的还是学习,因为学习本身就是一笔财富。

　　当然,疆新,学习不仅仅只在学校通过书本来完成,在生活中我们也应该善于学习。比如,过去书本上经常说到,年轻人要懂得节省,尽量少花钱、多储蓄。但是在现实生活中我们却看到了这样的现象:小李和小罗既是同事又是当年的大学同学。小李比较聪明,会"算计",一边干着本职工作,一边还做了兼职,并且省吃俭用,几年下来积蓄颇丰,虽然被众人视为"吝啬鬼",但是实现了自己有车有房的梦想。而小罗看似就是"败家"的典型代表了,他不但工资分文不攒,还把钱全花在了买书和各种培训上,还经常大方地请客吃饭,甚至还举债数万元读了MBA。后来,小罗拿到了MBA的证书后,跳槽去了一家跨国企业担任高管,工资立马比原来翻了很多倍。而小李看着好友"麻雀变凤凰",这才后悔"没把钱花在该花的地方"。

所以，疆新，生活是一个大舞台，这个舞台上每天都在上演着变幻莫测的剧目。只要我们有一颗善于发现和学习的心，在生活中总结经验教训，避免覆辙，就能够"逢凶化吉"，为自己创造更多的机会，当然也为他人、社会创造更多的财富。

疆新，在信中，你还提到：身边还有一些经济条件一般甚至是比较困难同学，通过勤工俭学，挣得一些生活费之后，他们不是把钱用在真正的生活上，而是"节衣缩食"，把挣来的钱买一些高档用品（比如苹果手机、中高档化妆品等）。你很不理解，为什么这些同学在获得一定的"财富"后，不把钱用在最需要的地方，减轻父母的负担，而是"肆意挥霍"呢？

疆新，改革开放四十多年，我们的生活水平得到了很大的提高，贫穷已不再被认为是光荣的事情。尽管勤劳致富、追求富裕是社会的主流价值取向，但是由于受多种因素的影响，特别是一些综艺娱乐节目中某些嘉宾的不当言辞（比如某档电视节目中某位嘉宾大放厥词："宁愿坐在宝马车里哭，也不愿坐在自行车上笑"）和不当行为（比如某些直播节目中的"炫富摔"），就引起了一部分大学生的盲目追捧。

因此，就有少数大学生不顾家庭的实际情况，一味追求高消费，以求在其他同学面前获得某种意义上的满足感；甚至有些同学为了维持高消费这种假象铤而走险，不惜走上犯罪的道路；更甚的是极少数同学通过铺张浪费的方式来表现自己的与众不同。比如，我国高校学生宿舍，一般由 4 人同室居住，然而，在 2008 年开学之际，成都某高校就有一名女大学生一人交了 4 份住宿费，租下了整间寝室并添置空调、冰箱、沙发等享受与其他人不同的居住环境。2008 年，上海某高校学生开着法拉利进校园，其照片一度在互联网上热传。越来越多的大学生驾车去学校上学，2010 年 11 月 23 日记者张膺浩等在《沈阳日报》发文称，2010 年 11 月 22 日在沈城多所高校进行采访，发现几乎每个班级都有学生开着私家车上下学，大学生对汽车档次的要求明显高出普通市民，20 万左右的中级车是主力军，超过 50 万的豪车也不在少数。该记者对此发出感慨："炫富，还是确有需要？"种种现象都表明，"炫富"行为将会严重地误导青少年包括大学生正确价值观的树立。既不利于和谐校园的建设，更不利于青少年自身的健康发展。

疆新，我们知道，这种财富观扭曲现象的出现不是偶然的，其原因是复杂的，是多种因素综合作用的结果。这其中既有西方多元化财富观的冲击，也有社会不良趋利现象的影响。

我们先来聊聊西方多元化的财富观对当代大学生的冲击。在我们中国传统伦理思想史上，对人们影响最大的关于财富的观念，就是儒家的义利观，重义轻利是儒家义利观的基本精神。但是，伴随着改革开放和市场经济的发展，西方功利主义思想乘虚而入，对我国传统的财富观造成了强烈的冲击。这种以个人至上和金钱至上为核心的功利主义思想，对于在思想上尚不成熟的青年一代大学生带来了很大的负面影响。他们把节俭视作没面子，把奢侈浪费看作有气派，贪图享受、爱慕虚荣成了一部分大学生的代名词，他们忘记了自己所担负的社会责任和历史使命，在西方财富观的支配下，最终迷失了自我。

疆新，受西方功利主义影响，现代社会中，在一些大学生中间涌现出了一些"精致的利己主义者"。北大钱理群教授曾经看好一个学生，这个学生表现积极，经常上课坐在教室的第一排，在课上也会积极主动提问，课下更是会主动找钱教授讨论问题。久而久之，钱教授对这位学生便心生所爱，很看重他。后来，这位学生突然提出了一个要求，希望钱教授能帮助他写一封推荐信，以便其申请到美国留学深造。钱教授答应他的请求了。当他把写好的推荐信给这个学生后，这位学生便突然"消失"在课堂上，并几乎和钱教授断了联系。疆新，你身边是不是也有这类人？现实生活中，这类"精致的利己主义者"并不少见。

但是，社会上是不需要这样精致的利己主义者的，这样的人一旦掌握了权力和财富，甚至危害比一般的贪官污吏还要大。我们的社会需要的是具有悲天悯人的情怀，有安身立命的工作能力，优良的思想品德，懂得感恩，不忘本的人，他们懂得为人考虑，不以自我为中心。这样的人才能处理好与他人、与社会的关系，才能使自身获得更大的发展空间，才能在为自身创造财富的同时，也为国家和社会创造更多的财富。

当然，疆新同学，在这个世上，也有人不受功利主义的影响，执着自己的理想，不惧"贫穷"，甚至愿意将自己的贫穷当做一种"炫耀"。王小丫主持的《开心辞典》节目里，有一次是高考第一名系列专集。三位嘉宾都是当地高考第一名，个个都很聪明。其中有一位考进了北大的学生，在他答题前，小丫问他是否来了亲友团。这时，摄像师及时将镜头对准了他的母亲。这位母亲皮肤黑黑的，一眼看去就知道是一位朴素的乡下人，在镜头下，她没说别的，只是将她儿子连续穿了三年的一件校服在众人面前展示。她告诉大家，由于家里穷，没什么钱买衣服，儿子就一直穿着这身校服，一穿就是整整三年。她说拿到现场来的上衣还算好，裤子由于太不成样子了，所以就不好意思拿来。看到这里，大家对这位母亲和已进北大的男孩充满了敬意，包括电视机前的我。但我立刻想到，当一些富人们在向别人炫耀他们的巨额财产与超级享受时，居然有一身校服连穿三年，却以当地高考总分第一名的成绩考上北大的穷学生的母亲，敢于向世人炫耀那件一文不值的校服。

所以，疆新，我们可以看到，在使人产生巨大落差的对比中，值得我们珍藏炫耀的并不是财富，而是我们乐观、积极、向上的心态，是我们在贫穷或困难中绝不低头的精神。

其次，疆新，你知道我们每个同学都生活在社会中，社会环境对我们每个人都会产生一定的影响。所以，社会中存在的不良趋利现象对某些大学生的财富观也产生了不良影响。

我们都知道，市场经济体制确立于资本主义时代，从人类社会发展的角度来看，市场经济是迄今为止配置资源最有效率的一种方式。

因此，资本主义市场经济这种创造社会财富的强大能力，让马克思在《共产党宣言》中感慨叹道："资产阶级在它的不到100年的阶级统治中所创造的生产力，比过去一切时代创造的全部生产力还要多，还要大。"与此同时，市场经济趋利性也开始显现，19世纪英国评论家托·约·邓宁在《工联和罢工》中，一针见血地谈道："一旦有适当的利润，资本就胆大起来。如果有 10% 的利润，它就保证到处被使用；有 20% 的利润，它就活跃起来；有 50% 的利润，它就铤而走险；为了 100% 的利润，它就敢践踏一切人间法律；有 300% 的利润，它就敢犯任何罪行，甚至冒绞首的危险。"你看，如果没有对财富的正确认识，人们对财富的追逐是多么可怕！

我国社会主义市场经济起步比较晚，但是已经在各方面取得了举世瞩目的成就。正像我们所了解到的，市场经济是一把"双刃剑"，在带来繁荣景象的同时，它本身具有的趋利特点所带来的消极方面，对大学生的财富观造成了不良的影响。

疆新，你对这种现象应该也会有所了解吧？比如，现在有很多大学生在财富观上以拥有金钱的数量来评判是否成功，更有甚者，一些媒体成为扭曲财富观的代言人，毫不知耻地向青年一代洗脑，他们大肆渲染"笑贫不笑娼"等丑恶现象，渲染对物质生活的极致追求，对欲望的无限满足以及对金钱的顶礼膜拜……

人民时评于 2017 年 3 月 12 日发表了几家调研机构发布的 2016 年大学生消费趋势报告，报告显示：三成以上学生生活费不够花，39% 的学生身边有人使用"校园贷"。国内某高校学生小郑在在两个月的时间内先后通过某借贷平台共计借款 6 万元钱，这笔钱利滚利，慢慢地小郑就无力还款了，走投无路之下，小郑偷偷用同学的身份信息去贷款还债。"他先后用 28 名同学的身份证借钱，然而，这并没有缓解小郑的还贷压力。同学们陆续收到催款电话，直到这时，他们才知道自己的身份信息被小郑用来贷款。最终，欠款像滚雪球一样越滚越大，变成了 60 多万元。小郑不仅要偿还巨额贷款，还面临着来自家庭和同学的压力。重压下，他最终以自杀来逃避。"高校连续多年成为金融诈骗"重灾区"，所以校园贷其实就是披上了伪装的高利贷，"贷"走的是无价的青春。

疆新，你一定也听说过引起全社会关注的"裸条贷款"新闻吧？"校园贷"一开始只是为了方便学生贷款，让学生可以在自己承受能力之内适当超前消费，却不知道从什么时候开始演变成了肉偿的"裸条贷"。所谓"裸条贷"就是让女学生们以拍裸照、裸视频为抵押在借贷平台借款。很多大学生裸贷的真实目的或许只是想换一个最新款的手机，一双限量版的球鞋，一个明星同款的包包。为了自己的虚荣心，为了所谓的面子，为了几千块，为了能在同学朋友面前炫耀显摆开始裸贷，便走上一条不归路。

你看，扭曲的财富观会给青年人带来多大的损害！疆新，金钱不是万能的，世界上有比金钱更重要、更宝贵的东西。居里夫人放弃"镭专利"的巨额金钱，毅然将炼镭的技术公布于世，并把价值100万法郎的世界第一克镭捐献给治疗癌病的研究所。著名数学家华罗庚于1950年拒绝美国伊利诺大学终身教授的重金聘约，携妻子儿女一起越过太平洋的惊涛骇浪回到国内，投身于祖国的建设事业。金钱是幸福生活的必要条件，但金钱不等于幸福，因为我们不能没有精神追求。物质生活富裕而精神生活空虚的人，是不会获得真正幸福的。

疆新，孔子说："饭疏食饮水，曲肱而枕之，乐亦在其中矣。不义而富且贵，于我如浮云。"意思是：吃粗粮，喝白水，弯着臂膀当枕头，也是有乐趣的啊！用不符合道义的手段得到的富贵，对我来说和浮云一样。希望你在物质诱惑面前能坚持自己的操守，正确地对待财富，为实现自己的人生目标，勇往直前，不负韶华！

当然，影响大学生财富观的原因还有很多，但是不管何种原因，我都希望你明白一个道理——天上不会掉馅饼的，幸福是要靠自己去创造的。愿你继续发扬不断探究、持续学习的精神，对人、社会以及生活抱有源源不断的热情！

此致！
学业进步！

老师：袁国玲

十一月八日

第三封信　如何树立正确的财富观?

亲爱的疆新同学:

你好!

很高兴又收到你的来信! 你在信中说: 你身边还有一些同学也包括你自己, 虽然已经认识到了知识能够创造财富, 大学生的主要任务仍然是好好学习, 等等。但是在遇见具体的物质利益面前, 有时不免"惊慌失措", 以致"乱了手脚"。这也是正常的表现, 别说是你们年轻的学生, 就是人生经历比较丰富的人面对金钱和财富时, 也不见得会心静如水。

疆新, 与你通信交流的过程, 其实也是我对财富问题的认识进一步加深的过程。面对金钱和财富我们做出怎样的取舍, 与我们所确立的财富观密切相关。那么, 我们怎样才能有一个正确的财富观呢?

要树立正确的财富观, 首先就需要我们科学地对待财富。英国思想家培根曾经说过:"对于财富, 我充其量只能把它叫做美德的累赘……财富之于美德, 犹如辎重之于军队, 辎重不可无, 也不可留在后面, 但他却妨碍行军, 不仅如此, 有时还因顾虑辎重, 而丢掉胜利或妨碍胜利。"这就说明了, 财富虽然对每个人来说是必要的, 没有财富, 人就不可能在世上生存。但是正如但丁所说:"财富的拥有超过个人所需要的限度, 那么拥有越多, 损失就越多"。

疆新, 我给你讲个小故事, 这个故事会引起我们对"什么才是真正的财富"的思考。有一个美国人, 叫富勒, 他从小就有一个梦想, 那就是长大以后，靠自己的努力积累大量的财富和资产。为了这个梦想，他不断奋斗。到30岁时，他就已经挣到了百万美元，但是他并不满足于此，雄心勃勃地想成为千万富翁。他又通过不断的努力，拥有了一幢豪宅、一间湖上木屋、2100亩地产以及快艇和豪华汽车。但是在长年高强的工作压力下，他常感到胸痛胸闷，并且由于工作繁忙，他同妻子与两个孩子的接触与交流也越来越少，虽然他的财富在不断增加，但是他的婚姻和家庭都岌岌可危。终于有一天，在办公室富勒心脏病突然发作，他的妻子在此之前也刚刚宣布打算离开他，这时他才意识到自己对财富的追求已经耗费了所有他真正珍惜的东西，他打电话给妻子，要求见一面。当他们见面时，两人都热泪滚滚，他们做了一个决定——消除掉破坏他们生活的东西——他的生意和物质财富，他们卖掉了除了生活必需以外所有的东西，包括公司、房子、汽艇等，然后把所得捐给了教会、学校和慈善机构。他的朋友都认为他疯了，但富勒从没有感到过比此时更清醒。接下来，富勒和妻子开始投身于一项伟大的事业，为美国和世界其他地方的无家可归的贫民修建"人类家园"。他们的想法非常简单，每个在晚上困乏的人，至少拥有一个简单、体面且能支付得起的地方来休息。目前，"人类家园"已在全世界建造了六万余套房子，为超过30万人提供了住房，富勒曾有的目标是拥有1000万美元财产，而现在他的目标是为1000万人甚至更多的人建设家园，他自认为是世界上最富有的人。

疆新，科学地对待财富，我们不应该鄙视财富、轻视财富的作用。《论语》记载，孔子对追求正当的财富是持赞赏的态度的。孔子辞官后的重要收入，主要是来自于私塾。孔子还说："自行束脩（即学生给老师的见面礼）以上，吾未尝无诲焉。"只要带着束脩来了，我一定会好好教的。束脩是正当收入，无可厚非。孔子曾说："富而可求也；虽执鞭之士，吾亦为之。如不可求，从吾所好。"意思是说，财富如果用正当的方法可以求取，那么虽然是替别人执鞭的下等差事，我也愿意干。如果用正当的方法不能求得，那我还是做我自己喜欢的事情吧。孔子告诉我们，追求财富应该用合法的途径和手段，如果这样不能求得财富，那就要做好自己应该做的事情。

所以，热爱财富、创造财富是无可厚非的。但是，通过什么渠道、采用什么手段获取财富、如何使用财富等，不同的财富观对此会给出不同的回答。"君子爱财，取之有道"，《论语·先进》记载了孔子对比评价颜回和子贡的话："回也其庶乎? 屡空。赐不受命，而货殖焉，亿则屡中。"即"颜回的学问道德接近于完善了吧，可是他常常贫困。子贡不安于本分，去做买卖，预测行情，往往猜中。"也许孔子真搞不懂子贡是怎么挣钱的。但子贡的确在离开孔子后成为当时的"大企业家"，这个古时经商会被轻视的子贡为孔子守了六年的孝，据说孔子去世后，孔子弟子们的研究经费也是子贡资助的。仁者以财发身，君子生财有道。所以，获取财富一定不能违背道义和法律。

从另一方面来说，我们也不应该过分夸大财富的作用，现有有些媒体为了吸引大家的关注，无节制地渲染一些财富拥有者的气派，你会从新闻里发现某某某在 19 岁就当了跨国公司的 CEO，某某某 25 岁身价上亿，某某年薪百万被相亲市场争相抢夺。太多太多这样的信息让我们的心气儿越来越浮躁，让有些人特别是年轻人的脑子里总在想怎么样才会一夜暴富。其实，每个财富拥有者的背后都有着自己的奋斗史，如果只是躺在前辈的功劳簿上，那他拥有的也只是金银财宝的物质财富而已，没有了精神上的追求，总有坐吃山空的那一天!

我们应该辩证地看待财富，更要提倡正能量。在 2019—2023 年的新冠疫情中，我们党和国家不为一时一地的经济利益而牺牲人民的健康，才能使中国人民团结一心、共同抗疫，焕发出巨大的凝聚力，控制住了疫情，使我们在经济和生活踏上了正常的轨道，牺牲一时的财富，是为了创造更多财富来造福人民。

所以，疆新，只要财富能够满足自身的基本需要，就应该把眼光放在为社会创造更多的物质财富和精神财富上，这才是科学而有意义的财富观。

疆新，我们谈了如何正确地认识财富，下面我们再来谈一谈如何正确获取财富的问题。许多人认为勤劳一定能致富，诚然，这是正确获取财富的一个前提，但是只凭勤劳就一定能致富吗？在现实生活中，我们往往还忽视了这么几个方面：

第一，正确获取财富，就要不断地用知识充实自己。这在前面我们也有所提及，但是在这里我还是想再次强调一下。我们生活在一个快节奏的时代，当今社会的发展日新月异，稍不留神，可能就会有"感觉自己错过一个亿"的事情的发生。所以，要想让自己能够跟得上时代的脚步，不被过早淘汰，就必须时刻保持一种学习探索的心态。台湾著名主持人蔡康永曾经说过："15 岁觉得游泳难，放弃游泳，18 岁遇到一个你喜欢的人约你游泳，你只好说我不会；18 岁觉得英文难放弃英文，28 岁出现一个很棒但要会英文的工作，你只好说我不会。"所以不管是生活还是工作，自身的充电一定不能停止，以不变应万变，显然在这个时代并不适用。

第二，坚持不懈，百折不挠也是正确获取财富必不可少的一个方面。但凡回顾一下，比较成功的商人和企业家没有一个不是具有坚持不懈、百折不挠精神的人。大家比较熟悉的霍英东先生，他是香港著名的房地产业巨子，可谁又知道霍英东先生的今天是由"价值七角钱"的苦力，一步一步干起来的。童年时的贫寒家境和成年以后的生活坎坷、煎熬磨练了霍英东的毅力，也培养了他自强不息、勇于进取、敢于拼搏的百折不挠的品格。第二次世界大战期间，日本人扩建机场，他去当苦力，日报酬是七角钱和半磅配给米。那时，他每天只吃一碗粥和一块米糕，饿得头昏眼花。但是，在这种艰苦的环境下，他并没有消极和气馁，仍然怀有乐观向上百折不挠的精神。战争结束以后，他又投身于运输业；朝鲜战争爆发后，他又开展了航运业，生意十分兴隆。此后，霍英东不满足于运输业已经取得的成就，又开始向房地产业进军，从此房地产成了他致富的基础。正是由于他这种吃苦耐劳，不屈不挠，不断进取的精神，才成就了他几十年突出的业绩。

　　第三，正确获取财富，还要遵守相应的法律制度。任何活动都必须在法律允许的范围内进行。大学生获取财富的过程中，尤其要注意自己的行为是否符合法律规章制度。当前，有一部分大学生法制意识淡薄，又出于迫切挣钱的心理，就采取了一些不正当的手段来获取财富。比如辽宁舰泄密事件：2014年4月，23岁的大学毕业生张某在微信上添加了一个自称"记者"的人。此人以需要新闻报道材料为由，请张某为其提供军舰照片。张某被优厚条件吸引，想方设法进行拍摄。在境外间谍机关的指使下，张某设法进入某军工企业。到2014年8月被采取强制措施时，张某已向境外间谍机关提供"辽宁舰"等目标照片500余张，其他敏感照片200余张。2015年2月12日，张某因"为境外刺探、非法提供国家秘密罪"被判处有期徒刑六年，剥夺政治权利三年。

　　疆新，获取财富要取之有道，那么又应该怎么支配财富呢？思考这个问题时，我们首先要考虑的应该是，如何才能最大限度地发挥财富的作用？那就是尽可能地对需要帮助的人给予援助。特别是当自身的财富丰盈时，更应该去帮助那些处于"水深火热"中的人们。北朝魏齐时，有位叫李士谦的人，家庭非常富有，但他崇尚节俭，为人慷慨，常周济老百姓。有一年春荒，许多人家都断了粮，李士谦就拿出一万石粮食给乡里的缺粮户。到了秋天又遇年成不好，庄稼歉收。借了粮的人都要求延期偿还。李士谦说："我借粮给你们是为了帮大家度荒，不是为求利。既然年成不好，借的粮就不用还了。"于是他请来一些欠粮的人吃饭，在吃饭时当着大家的面烧毁了全部借据。第二年粮食丰收了，许多人挑粮来还，李士谦坚决不收，还粮的人只好又挑了回去。李士谦乐善好施30年，在隋文帝开皇八年去世。他所在的赵州一带有一万多人为他送葬，哭声动地。

　　所以帮助他人，就像人想要把大江大河的水引到池塘，若池中的陈水不排放出去，又脏又臭，则流动的河水无法进入池塘，即使少许进入也终将被污染。当池水放空，清洁池塘后，江河之水即奔腾而来，源源不断。时常排水，时常引水，池塘才能永葆清洁。由此可见，帮助他人不但是理智支配财富好的方法之一，而且也是促进社会良好风气形成的出路之一。

所以说，疆新，我们要认识到，财富是来源于社会的，任何人都不是凭个人一己之力获得的，是国家政策、自然条件、家庭背景等多种因素共同作用的结果。当然，有钱不能任性，应该承担相应的社会责任。西方著名经济学家哈耶克认为，市场经济最重要的道德基础就是"责任感"。没有基于道德之上的责任感，任何职业或经济行为都将失去它的社会价值：对于社会，它不能实现职业职能，创造效益、稳定社会；对于个人，它不能实现为社会创造服务并作出贡献。因此，理智对待财富，就是要把钱用之有道，展现出它的社会价值。我们在满足自身需求之后，就可以将更多的社会财富回馈社会，使更多的人得到帮助，这才是真正的用之有道。

当然，理智地支配财富还要理性消费，关键的一点就是"节流"，我们要把钱用在刀刃上，缩减一些不必要的开支。特别是对我们这些刚刚离开父母要独立生活的大学生来说，更是如此。现在我们大家或多或少都有一笔父母、家庭提供给我们的生活费、学费等。如何支配好这笔费用？这里面也有大学问，老师给你几点建议，供你参考。其一，养成记账的习惯，认真地记下每一笔的支出，然后进一步衡量支出项的支出额是否过高，从而得出最终的必要支出项和支出额，那么其余的项目以后就应尽量避免。其二，最好用现金支付来减少消费冲动。信用卡、微信等支付，虽然满足了人们的购买欲，但是却没有现金大额支付数钱时的心疼。因此，除了大额物品用信用卡、微信等支付外，小额物品不妨用现金支付。其三，不要超前消费，不做"月光族"。你们即将进入社会，如果不养成储蓄的习惯，超前消费，很可能就会成为未来的"月光族"。即使我们每个月的生活费不是很宽裕，为了能在将来从容应对各种突发事件，也要养成储蓄的习惯，哪怕是20元，都应该坚持下去，使它变成一种习惯。

疆新，我们除了理性消费之外，更应该学会一些理财的知识。俗话说，"你不理财，财不理你"。但是可能你会问：我们穷学生没有稳定的工作和收入，拿什么理财呢？其实，在大学里，我们在理财方面也是可以有所作为的。

首先，我们可以主动学习理财知识，形成主动地理财意识。大学生的学习能力、理解能力和接受能力都比较强，可以通过网络等手段了解不同理财方式的特点，比如银行存款、基金定投、货币基金、互联网理财等理财产品的不同特点，不断积累理财知识，养成主动理财的习惯。

其次，懂得开源，适当兼职，创造收入。在不影响学业的基础上，在不违背法律和道德的前提下，大学生适当兼职，不但可以增加一些工作和社会经验，还可以扩大自己的收入来源，增加手中的可支配资金。

第三，正确认识收益和风险的关系。收益和风险大体上是等同的，要想获得较高的收益，就必须承担相当的风险。对于大学生而言，当有了"闲钱"在投资时，不能一味只追求高收益，要正确评估自己的风险承受能力，选择适合自己的理财产品，避免因触雷导致血本无归。

疆新，理财不是一蹴而就的事情，它是一种生活习惯，懂得合理支配财富是一种大智慧，过着省钱又有情调的生活，不仅是一种生存能力，更是生活智慧的展现。

古人云："良田万顷，日食一升；大厦千间，夜眠八尺。"我们向往美好高品质的生活，追求财富是无可厚非的。但是，获取财富也好，使用财富也好，都必须遵循国家法律，自觉恪守道德规范，正确对待财富，洁身自好，清白做人。总之，疆新，希望通过我们的聊天，能够使你对财富有一个合理的认识，更希望你永远保持这种勤奋好学、不耻求教、不断探求的求知精神，不管历经多少风雨，归来仍是少年！

　　此致
更上一层楼！

老师：袁国玲

十一月十三日

参考文献

[1] 于艳霞、王立军："让学生学会学习"，载《才智》2011 年第 2 期。

[2] 常春梅、李彦君："当代大学生炫富现象探析"，载《中国青年社会科学》2015 年第 3 期。

[3] 佟珊珊："高职院校学生'校园贷'问题研究"，浙江工业大学2020 年博士论文。

[4] "知识就是财富"，https：//wenku.baidu.com/view/a2db024e551252d380eb6294dd88d0d233d43c07.html，2022 年 3 月 21 日。

[5] "知识就是财富事例三则：知识能带来财富"，https：//www.wenyiso.com/yilunwensucai/604.htm，2018 年 12 月 27 日。

[6] "为梦想加油：6 个值得深思的名人财富故事"，https：//wenku.so.com/d/2662b6006f4a195c65b02aa7be941f61，2022 年 3 月 27 日。

[7] "把生活的苦汁酿成蜜"，https：//wenku.baidu.com/view/3fa35d095a1b6bd97f192279168884868762b81b.html，2019 年 11 月 23 日。

[8] "北大教授钱理群：这种学生如果掌握权力，比普通贪官危害更大"，https：//baijiahao.baidu.com/s?id=1700386107484119349&wfr=spider&for=pc，2021 年 5 月 22 日。

[9] "当贫穷成为一种炫耀"，https：//www.docin.com/p-112281561.html，2010 年 12 月 28 日。

[10] "你对于'钱'这个产物的理解是怎样的？"，https：//zhidao.baidu.com/question/1965170410095176300.html，2019 年 10 月 30 日。

[11] "只有放下悭贪，才能获得真正的解脱"，https：//baijiahao.baidu.com/s?id=1687776447199828349&wfr=spider&for=pc，2021 年 1 月 1 日。

[12] "霍英东的历程"，https：//wenku.baidu.com/view/7039afb859fafab069dc5022aaea998fcc2240ac.html，2019 年 8 月 22 日。

[13] "盘点古人助人为乐故事：李士谦乐善好施"，https：//www.meidekan.com/meiwen/1978001.html，2019 年 3 月 11 日。

大学生如何安排好课余生活

第一封信　课余生活是自我提升的沃土

肖薇同学：

　　你好！老师收到你的邮件了。在信中你向老师倾诉了你的烦恼：高考失利，读的大学不理想，在大学有大量的空余时间但你不知道怎么安排，每天都很茫然，感觉时间过得很快但自己又没有什么收获……

　　肖薇，你的烦恼老师知悉了。我想先跟你聊聊课余的生活怎么安排，因为我觉得课余生活安排好了，生活充实了，你的烦恼可能就会不知不觉地消失了呢。

　　其实，警校的课余生活是你自我提升的沃土，关键在于你怎么安排利用好大学的课余生活。

　　在聊这个话题之前，你首先要对大学生活有一个正确的认知。大学是人生中最美好的阶段，是"三观"逐渐定型、过渡到成人的关键时期，也是实现自我价值的理想场所。大学生在这里生活、学习、成长、成才。但同时，像你这样刚刚跨入大学门槛的新生，对大学生活也有很多不适应的地方，需要你们去调整自己的心态、生活方式。进入大学，你们的生活环境和学习环境发生了重大变化：由父母的"重点保护"对象过渡到独立性较强的集体生活；由老师的"重点培养"对象转变为自主性学习；由过去见识、交往、活动范围较狭窄的生活环境，到置身于大学这个小社会中等等。诸如此类变化，许多大学生一时难以适应，心理矛盾加剧，学习动力缺乏，人际关系紧张，严重影响了学习生活。

有一篇名为"致还在沉睡的大学生：你不失业，天理难容"的文章，文中列举了一些当今一些大学生的生活状态："上课的时候，清醒没有发呆的多，发呆没有睡觉的多；下课的时候，自修没有吃零食多，吃零食没有看连续剧多，看连续剧没有游戏多。"并质问大学生，"如此这般，就业时的失败怎能不比成功多？"

2018年10月18日武汉晚报报道，华中科技大学18人因学分不达标本科转专科。华中科技大学本科转专科的做法，得到了教育部的肯定，教育部高教司司长说："天天打游戏，谈恋爱，浑浑噩噩的好日子将一去不复返了，不能搞'玩命'的中学，也不能搞'快乐'的大学……现在大学里，有些学生醉生梦死，这样是不行的。"

这两则新闻，都表现了一些大学生在考上大学后彻底失去了目标，每天混日子，把大好的时光拿来睡觉、看连续剧、打游戏。我国的基础教育一直比较扎实，水平较高，但是到了大学时期，就和发达国家的高等教育慢慢拉开了距离。国外的学生，越到高一级的阶段，学习越辛苦，到了大学，是他们学得最为刻苦的阶段。高等教育的目标就是培养社会精英，不吃苦，怎么能成为精英？而中国的个别大学生，在本该为自己的人生精心策划、努力奋斗的珍贵时光里，却毫无目标地混日子，导致毕业时无一技之长，有的甚至连求职简历都写不好。肖薇，老师希望你能以这些反面例子为鉴，好好地安排自己的大学生活，不要荒废宝贵的大学时光。

让我们来细细算一笔账，在学校的常规课程安排外，还有着充裕的课余时间可供你们好好利用。据有关部门统计：除去每天8小时的睡眠时间，以每周40节课每节课45分钟计算，每周上课时间为1800分钟，而课余时间为4920分钟，几乎是上课时间的3倍，那么大学生是如何来处置这每周4920分钟的课余时间的呢？据相关调查总结：一些大学生课余生活用在上网、运动、阅读、看电影电视、外出逛街等；部分大学生开始谈恋爱以满足感情生活的需要，来充实自己的课余生活；也有一部分选择在学习的同时做些兼职工作，增长阅历，丰富知识，锻炼自己。然而，并非每位大学生都能处理好学习、生活、社会活动之间的关系，以合理的安排课余时间。往届的你的师兄师姐们也经常跟老师吐槽，说每天浑浑噩噩就过去了，感觉时间过得很快，但是又没有什么收获，感到迷茫又焦虑。了解了你们的困惑与需求后，老师也在授课之余进一步了解大学生如何处理、协调这些学习与生活间的关系的基础上，搜集了一些大学生合理有序安排自己的课余生活的资料、范例，希望能对你们有所帮助，帮助你们合理分配时间，让你们的大学生活过得充实、多姿多彩。

那么，大学生应如何安排好自己的课余生活呢？老师认为，利用课余时间深入学习，培养自学能力，进一步提升学历水平和专业素养是一种很好的方式。

比如，把专业知识学深学精，修读第二专业，或是通过专插本、自考等方式提升学历。在这个知识爆炸、信息丰富但竞争激烈的年代，你们需要扎实的基础知识和出色的专业能力。而这些是和勤奋的课外学习分不开的。越来越多的大学生发现课外的学习是自己腾飞的重要基础，课外学习是竞争中获胜的筹码，是充实自己、提高自己知识素养、全面提升自己各方面能力的重要途径。

许多同学在升入大学以后，抱怨学院不理想，专业不满意，提不起学习的劲头，浑浑噩噩地浪费了宝贵的大学时光。还有些同学不适应大学的学习方法，他们习惯老师天天陪伴、督促、教师"反刍式喂哺"的中学学习方式，对大学的学习特点和规律一无所知。进入大学以后，面对生活需要自理、学习需要自主、大量的学习时间需要自己安排等，他们感到无所适从，学习成绩明显下降。据了解，近年来，大学一年级学生的补考人数较多，一般占总人数的20%左右，有的甚至在30%以上。因而大学新生迫切需要尽快了解大学学习特点和规律，并根据自己的特点和经验，迅速摸索出一套适合自己和大学学习特点的学习方法。

美国女作家安娜·路易斯·斯特朗有句名言："与其诅咒黑暗，不如点亮蜡烛"。到了大学阶段，大学生不应该亦步亦趋地跟在老师后面学习，而应该主动走在老师的前面，培养自己的自学能力。大学老师上课讲得很快，往往一节课涵盖了教科书上几十页的内容。学生如果不预习，会在上课的时候感觉很难跟上老师的节奏，学得糊里糊涂的。因此，在上课之前同学们就应利用课余时间先预习课本，把不懂的地方标识出来，带着问题听老师上课。在课堂上还是没有弄明白的问题，课后应积极追着老师讨教。有句话说得很好："只有真正学进去了的人，才能提出问题，没有认真学习的，想问问题都找不到角度去问。"长期坚持这种学习方法，将大大提升一个人的自学能力，为以后踏入社会后学习新的技能、知识打下良好的基础。与其说上大学是为了学一门专业，不如说是为了学会如何学习，让自己能够"无师自通"。

对绝大多数学生来讲，在校生活是系统地学习基础理论知识，学习思考和解决问题方式的好机会。这些知识将满足你未来发展过程中所需要的最基本的知识和技能需求。如果有些同学确实觉得任课教师讲得不够好，那更应该走在老师的前面，积极自学。只要你们愿意去学，现在互联网上有很多非常好的学习平台。现在不少大学都在设置网络公开课程，学生们可以轻易在网上免费获得各大学的教学资源，从教学要求、教案到授课视频等教学资料应有尽有，学生可以随意选取任何一所自己感兴趣的大学、选取感兴趣的课程进行学习。有能力的，外语水平好的，还可以登录国外名校的课程网站进行学习。另外，老师告诉你一个非常好的自学网络平台——"中国大学慕课"，这个平台上有各门基础课和专业课可供大学生学习，授课的都是985、211等高等院校的优秀教师。还有"学习强国"这个平台也很优秀，在"学习强国"的"教育"板块里面也有大学慕课和职业技能培训等课程。此外，网上点赞非常高的适合自学的平台还有以下这些：可汗学院、网易公开课、哔哩哔哩、学堂在线、超星尔雅……所以，你们不要给自己的退缩和懒惰找任何借口，也不要一味抱怨推卸责任，网上的学习资源是很多的，学不学就看你们自己！

你可能会问："老师，如果我们就读的专业不是自己感兴趣的专业怎么办?"确实，这种情况是存在的，大学录取存在专业调剂的情况，有些同学就读的专业并不是自己当初报的专业。如果你们确实对自己的专业不感兴趣，或者认为自己学有余力的，还可以利用课余时间，去进修第二学历。具有第二学历，或是跨学科辅修某些专业，使自己成为复合型人才，在求职市场上是比较受欢迎的。跨学科辅修的方法有很多种，比如申请第二学历或是互联网自学。像我们学校没有条件申请第二学历，那么同学们在跟随各大学开放式课程学习的同时，可以通过报考自学考试的方式获取第二学历。对于大专生来说，自学考试是一种非常好的提升学历的方式。很多专科学生，积极报考自学考试，在三年大专课程学习结束时，也修满了全部本科课程学分，顺利拿到了本科学历证。在我教过的学生中，有个女孩在本校学习期间参加了华南师范大学的专升本考试，顺利拿到了本科毕业证，之后她又一次性通过了司法考试，现在她是广东财经大学的全日制研究生。你的师姐通过课余时间的刻苦攻读，完美实现了从低学历到高学历的逆袭。另外，考专插本也是一个很好的提升学历、转换专业的方式。在我们学校，考专插本的氛围还是挺浓的，2020年这届学生中有500人通过了专插本考试。你们有位师兄取得了全省20几名、退役军人第一名的好成绩。他跟我说："老师，政治书我看了九遍。《民法典》一出来，疫情在家上网课时期，我就把《民法典》梳理了三次。"希望你能向这些师兄师姐学习，努力在专业学习上、在学历提升上再进一步。

老师知道，大学转专业并不是件容易的事，但是只要你们能吃苦，肯付出，完全可以通过自学掌握你们感兴趣的专业知识。你注意到没有?有一些声名显赫的成功人士，他们都具有超强的自学能力，并通过自学学到了知识，成就了自己辉煌的人生。

京东的老板刘强东，大学学的是社会学专业，但他对新兴的计算机技术非常倾慕，在课余时间花了大量的精力去学习编程技术，为了学习编程，他经常在机房睡到早上再去上学。大学毕业时，他这个社会学专业的学生，却成了中国人民大学最好的程序员之一。

实现了中国云计算从 0 到 1 的突破，被评为中国工程院院士的王坚博士，他本科到博士的专业都是心理学，计算机领域的知识和能力都是靠他自学、靠他旁听计算机课程积累的。由于他的刻苦努力，他在旁听计算机课程时，水平甚至超过了授课讲师的水平。后来，王坚博士以他在计算机领域出色的能力先被微软聘用，后又被阿里巴巴招聘过来，成为阿里巴巴首席技术官。

曾任微软亚洲研究院院长、谷歌全球营运副总裁的李开复，大学本科时学的是法律专业，由于他对计算机感兴趣，就去旁听计算机系的课程，并在考研时成功转到计算机专业，之后成为计算机领域的顶尖人才。他说，他读书时非常刻苦，每天学习时间经常长达 16 小时，有时甚至通宵达旦搞实验。

还有深受大家敬重的华为创始人任正非，他读大学时的专业是建筑学，后来为了好找工作，他又自学了电子计算机、数字技术、自动控制等专业技术，这些知识为他后来创办高科技公司华为打下了坚实的基础。

上述这些我们大家都熟悉的功成名就的人物，都没有放弃自己的爱好和兴趣，凭借顽强的意志力、靠自学，同样取得了辉煌的成就！

除了利用课余时间学习外，不用出校门，还有一个很好的可以提升自己能力的方式。那就是利用课余时间参加社团、竞选学生干部以锻炼自己的领导能力、沟通与协调能力。

社团是微观的社会，参与社团是步入社会前对自己最好的磨练。在社团中，可以培养团队合作的能力和领导才能，也可以发挥你的专业特长。社团是由大学生自己发起、管理、策划、运行的组织。在社团中，你可以遇到一些志同道合的朋友，共同做一些有意义的事。通过大学社团组织工作室，你可以提前了解不同团队运营的模式，观察优秀的人是怎么样工作，如果有机会成为负责人更是一次非常好的锻炼机会。管理好一个社团，不亚于经营好一个小型的公司，制定社团发展规划，招纳有专长的人才，组织成功的社团活动……每一项工作背后都需要付出很多的努力，所以，一个成功的社团领导，绝对是一个领导能力、组织能力、协调能力很强的人。这些能力，将对你以后在职场上取得成功有很大作用。马云、俞敏洪、李彦宏、刘强东等当代成功的企业家，在大学时都是学生干部或社团活跃分子，或是自己创办了一个社团。

能担任社团领导固然重要。但更重要的是，在社团中你要做一个诚心诚意的服务者和志愿者，或在担任学生工作时主动扮演同学和老师之间沟通桥梁的角色，并以此锻炼自己的沟通与协调能力，为同学和老师服务。这种沟通与协调能力，也将为你今后的职场发展助力。

说一说老师自己的经验和体会，老师在大学毕业 10 周年聚会时，惊讶地发现，同学们中发展比较快的，已经当上了部门领导或处级干部的，全都是大学时代的学生干部和社团负责人，而普通的学生，工作 10 年后，绝大多数仍然是普通的职工。这些学生干部和社团负责人比我们更全面地锻炼了各方面能力，也比我们更早地了解并适应了社会运行规则。

加入社团最大的好处就扩展了你的社交圈子，同时也丰富了你的生活。社团是培养交际能力的场所，同时也是培养友情和爱情的美妙土壤。大学是学习社交的最后一个友善环境了。大学社团里的人际交往是一种不用"付学费"的学习，犯了错误也可以重头来过。你们可以在相对宽松的环境中学习、培养、训练如何与人相处的机会。进入社团之后，你会发现有一群志趣相投的人与你相伴，这样会让你的课余生活更加丰富，也可能让你结识到一生的朋友，甚至能在共同工作的过程中，找到志趣相投的伴侣。"一个人走得快，一群人走得远。"未来的社会，更需要团结协作能力强的人。参加社团，能让你提前适应团队协作的重要性，培养团队精神。在未来，人们在社会里、在工作中与人相处的能力会变得越来越重要，甚至超过了工作本身。所以，大学生要好好把握机会，培养自己的交流意识和团队精神。

李开复曾讲过这样的例子：在他担任微软亚洲研究院院长时期，有一次要选拔一个项目负责人。当时他有两个人选，一个年轻一些，经验不足但学习能力非常强，而且善于与人相处。另一个年长一些经验丰富，但是性格孤僻不合群。李开复几经斟酌，最后选了那个年轻人做项目负责人。事实证明他的决定非常正确，那个年轻人善于协调与沟通，把团队管理得很好，很快做出了耀眼的成绩。而那个年长的员工，由于没有获得这次机会，就愤然离职，后来先后在几个大型的高科技公司任职，但都由于不能跟同事好好相处而职场发展不顺。

参与社团虽然有众多好处，但是，你也要注意，不要本末倒置，大学生的课业成绩仍然是最重要的。至于社团，挑选一两个让你觉得有收获、能得到锻炼的就可以了，不要把主要的时间都放在参与社团活动上而荒废了学习。

我把知乎上获赞比较多的关于社团的看法推荐给你，看看对你有没有启发：对于社团，我建议你在大一时积极主动参加 2 至 3 个优质社团，你需要针对自己的情况进行筛选，并对自己挑选的社团进行主次分类。**第一类是技能类社团**。这种社团往往初具规模，定期举行各种活动，交流频繁，对于新团员的接纳会有一定门槛的设定。对于新生来说是一个认识同级同学和学长学姐很好的窗口平台，具有开拓自己在校园的人脉通道的作用。这种社团又分为专业相关类社团、非专业相关类社团。专业相关类社团将对你的专业学习和与专业相关的社会实践有所帮助。在这里会有你的学长学姐给你指点专业学习的困惑和帮助，碰到学霸级别的，你的期末考试和学历提升就有了追随的榜样。当然你得从底层干事干活作为起点。非专业社团：比如街舞社、戏剧社、各类球类社团、器乐社团、国学类社团等（若是专门的音乐类、体育类和电影类院校有些就属于专业社团了）。这些社团对于有一定基础想要进一步提高的新同学，或者是自己造诣已经不错单纯为了交志趣相投朋友的同学都是比较不错的选择。对于这两者的选择，我觉得你精力、能力足够完全可以选择两个，一般的话我建议选一个，就看自己是想补充专业性（深度）还是多样性（广度）的选择了。老师曾教过你们一个师姐，她的街舞跳得很棒，组织了个街舞社团，课余时间苦练舞技，后来能经常接一些商场开业表演之类的活，收入挺不错。**第二类是社团的管理组织**。这一类往往是归属于各学院的社团管理中心，这一类虽然各自接轨于学生会的职能部门，但是和各个社团有一定的串联和支持作用，如果你想锻炼一下自己的管理策划能力又想接触社团活动，你可以考虑一下。社团管理组织如果你具有管理才能，想要提高一下自己的领导能力和组织策划和沟通能力，可以选择试试学生会和团委这类组织。此外你还可以积极竞选班级的班委和团支部等的相关职位，这会在锻炼你各方面能力的同时，加强对党团组织的认识，并积极向党组织靠拢。最后，再次强调：大学生活多种多样，社团活动和社团组织只是丰富毕业简历的一部分，只起加分作用，最关键的还是你自己的专业学习成绩，学习成绩是硬性指标，希望你能很好地协调专业学习和社团工作的时间，不要本末倒置。

　　今天就聊到这里吧，你对于大学生活还有什么其他的疑问和烦恼，欢迎你继续跟老师探讨。

　　祝你尽快适应大学生活，每天开心有收获！

老师：聂杜娟

十一月二日

第二封信　利用课余时间提升你的
求职竞争力

肖薇同学：

你好！老师很高兴得知你已经适应了大学生活，并给自己订立了学习计划，要好好利用课余时间来充实自己。但你在信中又担心自己作为大专生将来在职场竞争可能没有优势，询问老师有没有什么方法能提升你的求职竞争力？

其实，你的问题正是老师接下来想跟你谈的问题——利用课余时间提升你的求职竞争力。

俗话说，机遇青睐有准备的人。要想具备较强的求职竞争力，就要早做准备，早规划。尽管你还身处校园，但充裕的课余时间为你提升自己的求职能力提供了时间的保障。

比如你可以利用课余时间参观人才招聘市场，积极参加行业实习，做有意义的兼职。现在的社会竞争激烈，从大一开始你们就要思考自己将来的职业选择方向，做好自己的学习规划。很多同学由于没有学习目标，浑浑噩噩地虚度光阴，等到毕业那一天才发现自己没有任何专长，求职简历上没有任何值得书写的才能，毕业即等于失业了。为避免这种惨烈的情况发生，你们在校时就要未雨绸缪，奔着自己的职业目标，一点一点地去准备各项必须的条件。很多同学既对求职市场竞争的激烈程度毫无了解，也对自己感兴趣行业的职业要求一无所知。怎么办？老师有一个很好的方法可以解决这个问题。虽然你还是大一的新生，但你可以利用自己的课余时间跟随毕业季的师兄师姐们一起去见识下人才市场、各种招聘会（大学生秋招会在9至10月；春招会在3至5月）。经历过这些场合后，你就会对就业竞争的激烈与自己的无知有深刻的体会。在人才市场，你可以把你感兴趣的行业的招聘要求拍摄下来，回来进行整理。你还可以关注互联网上的招聘网站，把你想进入的工作单位的岗位要求抄下来。在把各行业招聘要求整理好后，你再一一对照自己的条件，看看自己符合哪个公司的用人要求。你会发现，你感兴趣的职业你可能很难胜任得了。可以想象，如果大学几年，你抱着混日子的态度来过，那么几年后你仍然胜任不了任何一份工作。因为这几年的大学生活被你浪费了，没有学到任何本领，没有长进。所以，正确的做法是，你把你感兴趣的职业所需的条件列举出来，给自己订立个学习计划，一项一项地去完成这些计划，到毕业时，让自己可以具备全部的职业所需的条件，自信地踏入求职市场。如果你这样做了，你会发现，根本没有时间可以浪费在打游戏、看网剧上，你的课余时间将被学习专业技能、满足招聘条件占得满满的。

读了大学，意味着半只脚踏入了社会，同学们不应躲在象牙塔里"两耳不闻窗外事"，要多接触社会，多了解社会。你可以利用寒暑假及课余时间去做兼职，去大公司免费实习，无疑是一种很好的方式。外出打工或做项目时，不要只看重薪酬待遇（除非生活上确实有困难），有时候，即便待遇不满意，但有许多培训和实践的机会，我们也值得一试。你应该尽量在你感兴趣的行业寻找兼职的机会。这样，通过兼职，加深了你对这个行业的了解，你也可以在求职时以具有相关的行业经验而增强竞争力。如果能有一些大型企业的实习机会，即使没有薪酬，也非常值得去。大企业的官方招聘网站都会把招聘实习生的信息发布出来，平时要多关注一些大企业的官方网站。你还可以多跟已毕业的师兄师姐保持联系，靠师兄师姐牵线搭桥也是一个不错的途径。因为目前很多企业都设有内部伯乐计划和专门的奖励机制，鼓励员工向公司推荐优秀的人才。很多大企业都有暑假实习机会，一般在每年的 3 月份会有相关的信息发布在企业网站，一定要多留意自己中意的企业，多浏览官网的招聘信息。要想获得好的实习或兼职机会，一定要提前做好各项准备，制作简历，准备笔试、面试等都不可少。要想提高成功概率，就要提前了解各企业的用人要求，然后认认真真地去准备，让自己符合用人单位的标准。

拥有实习机会后，请珍惜每次实习的宝贵经历。挑选实习时不随意，一定是与自己将来求职有密切关系的职业。这个工作经历很宝贵，它是未来简历的重要部分。如今就业形式日益严峻，进入名企实习难度也与日俱增，要早做准备，迎难而上，消极被动是等不来机会的。一份高端稀缺的名企实习、一段人脉资源积累的工作经历，会成为你求职的强力筹码、人生的宝贵财富。能参加一些知名企业的实习生计划，也意味着毕业后有可能直接留在该公司工作，如：宝洁 80% 实习生留下成为正式员工，GE50% 留下，IBM50% 留下……所以，你们应该积极为自己创造机会进入心仪的企业实习、兼职。有相关企业的兼职实习经历及证明，求职时会极具优势。

要增强自己的求职竞争力，你还应该利用课余时间，尽可能考取各种专业资格证书。

大学期间应努力获得的证书包括：①大学英语四、六级证书。②全国计算机二级证书（Office 操作是基本技能）。③学校的各种证书，如奖学金证书、三好学生、优秀毕业生、优秀学生干部等证书。奖学金证书非常重要，有的企业 HR 看不懂大学里各种复杂算法的 GPA，但一看是否有奖学金，就知道一个学生大概的学习水平与能力了。奖学金证书被很多企业列为筛选简历的必要条件，没有奖学金，就没有面试机会。三好学生、优秀毕业生证书，在申请户口时还可以加分，非常重要。还有在校期间要积极要求进步，在报考公务员和教师等某些岗位时要求是党员。④第二外语证书。会一门第二外语，将大大增加进入相关企业的机会。时下比较热门的第二外语包括：日语、俄语、法语、德语、韩语，其他如葡萄牙语、西班牙语、意大利语、阿拉伯语等前景也比较好。⑤财务类证书。毕业后希望从事财务工作，或者以后有志要做职业经理人的，财务类证书必不可少。⑥各类专业资格证书。如导游资格证书、报关员证书、人力资源从业资格证书、心理咨询师证书、营养咨询师证书等，这些证书都是不限定专业报考的。有一位女孩，大学时读的是普通的二本院校的社会学专业。在读大学期间，她拼命读书、考证、做兼职，考了营养咨询师、人力资源师证、导游证、心理咨询师证、会计证、计算机二级证等众多证书，并做了很多份兼职，大二时月薪就达到 4000 多元，大三时就收到好几家公司的年薪十几万的 offer，大四毕业时已经有了10 万存款。⑦竞赛获奖证书。参加大学里或者社会上的各种竞赛所取得的获奖证书对求职就业也非常重要。如一名大学生在大学里多次参加辩论赛获奖，被一家企业老总直接聘为总裁助理；西安交大一名学生，在"挑战杯"上获奖，直接获得了麻省理工（MIT）的全额奖学金；上海交大两名参加 ACM 竞赛获奖的同学，创新工场的创始人李开复直接打来电话抢先预定了他们的毕业去向；浙大一名同学大学四年不断参加各类编程比赛，累计赢得奖金 20 万美元，后来被 topcoder 聘为中国技术副总裁……通过参加竞赛锻炼能力，获得证书，找到工作的例子比比皆是。

利用课余时间尝试创业，增长社会实战经验，也是一种很好的实现职业理想的途径。随着社会就业压力的不断增大，创业逐渐成为在校大学生的一种潮流选择。大学生创业的最大好处在于能提高自己的能力，增长社会实战经验，以及学以致用；最大的诱人之处是通过成功创业，可以实现自己的理想，证明自己的价值。

大学生创业成功的例子不少。苏龙飞是河南洛阳师范学院音乐学院的一名大四学生。虽说还不到 20 岁，但他在丝毫不耽误学业的前提下，早早开始创业。从卖零食到销售电动车、再到接商演唱歌，在学校的支持下，他一次次通过不断实践，最终开办了一家文化传媒公司。如今，通过一年多的不懈努力，苏龙飞还未走出校门，便有了一家资产近百万的公司，还攒下了接近 6 位数的存款。

浙江财经学院财政专业的学生陈博甫，在校内开办了一家"财经快递"。据小陈的合作伙伴、杭州电子科技大学工业设计专业大四学生景棋介绍，这是一家专门为同学取快递而设的学生公司，他们与杭州一家规模较大的快递公司达成协议，专门负责校内快递的揽发和派送，而学校则专门给他们配备了一间仓库。有了这家快递公司，学生的快递到了，公司会有专人打电话通知学生，学生则随时可以到公司的仓库去取货，一下子方便了许多。"现在基本上一天会有 500 到 600 份包裹"，景棋告诉记者，"公司已经取得了可观的经济效益，基本'爬'上了 6 位数"。

浙江商业职业技术学院金融专业的戴文星在读大二的时候，经学院创业指导老师的指点，开始运营一个"二手书"的项目，也就是回收废弃的教科书，再折价转卖给书店。这个项目的商业模式很简单，通过废品收购站、离校的同学等各种渠道，以低价收购各类被"抛弃"的图书、字典、学习资料等，再经过自己的筛选整理，理出一个图书分类表。然后，通过宣传，以远低于新书的价格销售给有需要的同学。"销售情况非常好，尤其是英语四、六级考试资料，以及字典之类的工具书，很受同学们欢迎"，戴文星告诉记者。生意做大以后，戴文星还兼营库存图书销售之类的"大生意"，以及各类二手货的销售。小戴卖的二手用品十分丰富，大到电脑，小到网球拍、溜冰鞋，还有台灯、被子等必备用品，生意出奇的好。这个由四人组成创业小团队靠经营二手用品，完全解决了自己的学费及生活费问题。

......

肖薇同学，老师还要强调一点，尽管我们能在互联网上轻易搜索到大学生创业成功的例子，但考虑到大学生群体的总人数与创业成功的人数比率，这个数字仍然是很低的。市场研究表明，40 岁以前的创业者，成功的很少，大学生创业成功的更是寥寥无几。《2017 年大学生就业报告》数据显示，大学生创业的成功率低得吓人，即使在创业环境和氛围比较好的省份，比如浙江省，大学生创业的成功率也只有 5%。导致大学生创业成功率低的原因有很多，如：缺乏社会经验和职业经历，尤其缺乏人际关系和商业网络；缺乏真正有商业前景的创业项目，许多创业点子经不起市场的考验；缺乏商业信用，在校大学生信用档案与社会没有接轨，导致融资借贷困难重重；喜欢纸上谈兵，创业设想大而无当，市场预测普遍过于乐观；眼高手低，好高骛远，看不起蝇头小利，往往大谈"第一桶金"，不谈赚"第一分钱"；独立人格没有完全形成，缺乏对社会和个人的责任感，甚至毕业后有继续依赖父母过日子的想法；心理承受能力差，遇到挫折就放弃，有的学生在前期听到创业艰难，没有尝试就轻易放弃了；整个社会文化和商业交往中往往不信任青年人，不利于年轻人的创业，等等。

　　有志于大学期间进行创业实践的大学生一定要对创业的前景有清醒的认识，充分分析自身的条件，衡量大学生创业的利弊，然后再开始行动。在这里提供一个 SWOT 分析工具，大学生在一个四方格内分别把自己的优势、劣势、面临的发展机遇、挑战或威胁四个因素写下来，每种因素罗列出主要的 4 至 5 条来。比如说某 A 学生认为自己的优势有：家庭经商，自小在父母边耳濡目染，对创业有浓厚兴趣；经过几年勤工俭学也积累一些实际经验；做过班系干部，组织领导能力得到锻炼；几个朋友合计创业有一定时间，已基本有一个磨合的团队；产品独一无二，有市场竞争力。某 B 学生认为自己的劣势有：个人性格内向，与人打交道较困难；家庭出身农家较贫，没有资金支持，还指望毕业后还清教育贷款；没有团队，可能要单打独斗；社会经验严重不足；准备创业的产品成本高昂，要委托别人加工。某 C 学生认为面临的机遇有：大学生创业基金成立，自己的科技项目可以申报一试，有导师的强力推荐；国内市场目前突然变化，产生有利于己方的巨大需求；一些企业正与我方洽谈，个别有签约前景；政府循环经济鼓励政策出台，更是利好消息。某 D 学生认为自己创业的挑战是：市场竞争不规范，假冒伪劣商品盛行，自己的真东西卖不出去；目前店铺租金越来越高，辛辛苦苦赚来的利润越来越低；消费风潮变动很快，自己可能赶不上流行趋势。在以上 SWOT 分析基础上，大学生可针对自己的情况，发挥优势、弥补劣势、克服威胁、规避风险、抓住机会、迎接挑战，使得自己的创业计划更为实际可行，更多一分胜算的把握。虽然，如今创业市场商机无限，但对资金、能力、经验都有限的大学生创业者来说，并非"遍地黄金"。在这种情况下，大学生创业只有根据自身特点，找准"落脚点"，才能闯出一片真正适合自己的新天地。

　　肖薇，关于在大学期间如何利用课余时间努力提升自己，为自己的求职做好充分的准备，老师就先讲这些。真羡慕你拥有这么充裕的课余时间，希望你做好自己的规划，把这些时间变为自我提升的沃土！

　　祝你学业进步！

老师：聂杜娟
十一月十五日

第三封信 利用课余时间发展
自己的兴趣爱好

肖薇同学：

你好！

前两封信老师和你探讨了如何利用课余时间提升学历、为职场竞争做准备的问题，今天这封信，老师将继续介绍如何利用课余时间发展自己的兴趣爱好、做义工及进行体育锻炼等，供你参考。希望你能将自己的课余生活安排得多姿多彩。

每个人都应该找到并培养自己的兴趣爱好。孔子说："知之者不如好之者，好之者不如乐之者。"快乐和兴趣是一个人成功的关键。如果你对某个领域充满激情，你就有可能在该领域中发挥自己所有的潜力，甚至为它而废寝忘食。这时候，你已经不是为了成功而学习，而是为了"享受"而学习了。到了大学，有了更多可以自主把握的闲暇时间，你要利用好这个时间，培养一项兴趣爱好。你可以去学那些你之前想学但没有时间学的乐器、绘画、舞蹈、学一门外语或者是写写文章……

有时，这些兴趣爱好不但能帮助你度过失意时的暗淡时光，甚至能助你开拓成功的事业。比如业余时间喜欢读历史的石悦。石悦读初中时就喜欢上了历史，尤其喜欢读有关明朝历史的书，他把所有的业余时间都放在了研读、搜集明史资料上。随着对明史的研究越来越有心得，他开始以"当年明月"为笔名，在天涯论坛发帖，用幽默诙谐的笔触描绘他心中的明史人物，对明朝历史展开他视野独到的分析，在天涯网上吸引了众多读者。后来有出版社联系他出书，最终石悦用了三年时间，以小说体写出一套共七部的《明朝那些事儿》。书全部出版后，销量超过了千万册，他本人凭着这套著作，获利四千多万元。读史书、写历史小说完全是石悦的业余爱好，他本职是一名政府机关的公务员，历任东莞海关公务员、山东省政府办公厅综合处处长、上海市人民政府新闻办公室主任，现在已被提拔为上海市级机关副局级干部。可以说，石悦在职场上的成功与他的史学修养也是不无关系的。

凭着一部《三体》扬名世界的科幻小说家刘慈欣也是利用业余时间写作的。刘慈欣本职是中国电力系统的一名工程师，从学生时代就喜欢读科幻小说，并尝试创作科幻小说，多年坚持写作的结果是，他的《三体》获得了科幻小说界的最高奖项"雨果奖"，多部科幻作品被改编并拍成电影，他本人也挤进了作家富豪榜，排名第11，2018年获得了超过1000万的版税。

还有坐拥380万粉丝、篇均阅读量50万＋的公众号"混子曰"主创人陈磊。陈磊曾经从事汽车设计师这一职业，业余时间喜欢画漫画，喜欢读历史，后来他把这两者结合起来，用漫画的形式讲述历史，爆红于网络。2015年1月，混子曰公众号正式上线，短短数月，粉丝量就达到了30万。陈磊也由此转行，辞掉了汽车设计师的工作，成为成功的自媒体从业者。现在，他有自己的创作团队，公司运营得有声有色，颇为成功。他的《半小时漫画中国史》系列，从2017年4月上市，到2021年4月，在短短的4年时间里，发行量超过2000万册，是中国出版界的一个奇迹。陈磊说他从小到大没有正经学过画，全是靠自己临摹和感悟，但是他一直坚持，所有的业余时间都拿来画画了，从学生时代坚持到参加工作，终于凭着他画漫画的专长闯出了一片天地。

业余时间学学摄影，也是一种很不错的选择。知乎网上有一位网友分享经验说，他大学时因为喜欢摄影，从大一就开始学习摄影，到了大三，他已经组建起了自己的摄影团队，每天可以挣到 600+ 的拍摄工资。他因为喜欢摄影，就不断拍，进行作品积累，利用一切机会积累经验，参与各种摄影活动，向摄影老师学习。慢慢地，不但技术提升了不少，摄影圈子也变广了很多，开始在朋友帮助下接别人没空拍的摄影单子，拍多了，口碑积累起来了，就得到了越来越多的推荐，后来，他组建了自己的摄影小团队，还跟好几个旅行网站签约，在大学期间就实现了月入过万，还有机会到处旅行。

此外，集邮、剪纸、垂钓、练书法、制作手工艺品、短视频制作等，也是业余时间可以从事的很好的兴趣爱好。这些兴趣爱好可以提升你的能力，增添你的生活情趣，使你的生活充实丰富、充满朝气。据网易新闻报道，深圳女孩蘑菇，在大学期间尝试制作手工饰品，并开了网店，经过几年的摸索，现在她的网店一年营业收入超过 40 万元。广州日报还报道过湖北大学新闻专业大二学生王志欣，通过拍摄短视频，每月收入 70 万元。王志欣从 2020 年底，开始在平台上看短视频，看多了她萌生了自己拍摄短视频的想法。于是她和几位同学一起，成立了短视频小团队，自导自演。由于她们的短视频制作精良，粉丝涨至 600 万，出了不少爆款，每月流水稳定在 70 万元，还成立了工作室。

如果你课余的闲暇时间比较多，做义工也是一个不错的选择。做义工既可以帮助有需要的人，更深入地了解社会，增强社会责任感，同时也可以调整自己的心态，毕竟，看到自己被别人需要是很快乐的事。有时候，看到别人光是活着就已经用尽全力，更能激发我们以积极乐观的态度面对生活中的困难与不如意。

除了探访儿童福利院、养老院、帮助社区孤寡老人打扫卫生、进行义卖帮助有需要的人等传统义工项目外，大学生还可以参加国际志愿项目或者义工旅行项目。目前国际义工项目已在中国蓬勃发展起来了，同学们可以去相关的官网报名。知乎网上有个叫 veraishungry 的网友给我们整理了一些国内的比较靠谱的国际志愿项目，我转过来介绍几个供你参考：①格林卫（Greenway）。格林卫中国是一家有着十几年专门从事各种国际志愿者项目和文化旅行计划经验的机构 Green Lion 在中国的分支。格林卫与全球七十多家机构合作，发展满足青年人对"间隔年"需求的项目，开展实习、志愿者活动和文化旅行等项目，为更多的青年人创造国际文化交流的环境。② Gapper 国际义工旅行。 Gapper 国际义工旅行旨在提出并发扬义工旅行理念的同时，为中国青年人提供更多安全可行的义工旅行信息和机会。③君行国际义工（OCIVA）。君行国际于2012 年 7 月在香港成立，并在香港及北京注册为公司。这是一个致力于推广国际义工活动的组织，项目地点覆盖斯里兰卡、马尔代夫、印尼、泰国、中国等多个国家，项目内容涵盖支教帮扶、动物保护、文化体验、环境保护等。④志行国际义工。志行是目前中国大陆境内项目种类最丰富、参与人数最多、最具有影响力的国际交流项目组织，也是中国大陆境内目前唯一提供国际交流项目的注册 NGO 组织。⑤ Dreamwalker 志愿行者。DreamWalker China 是联合国教科文组织（UNESCO）创办的国际志愿服务协调委员会（CCIVS）的成员。旨在透过全球性的国际志愿服务组织网络，在中国推广及发展国际志愿服务，启发及培育创变客（Changemaker），为中国及全球社区发展与青年个人成长作出正面而持续的贡献及转变。⑥ EASIN 国际义工。EASIN 亦旅义行，是国内首家专注于 O2O 无国界义工旅行机构，拥有国内外众多旅行公益项目，以及全国最大容量的打工换宿项目。主营国内打工换宿项目以及无国界志愿者项目，开拓国内外"公益＋旅行＋无限可能"的新型义工旅行模式。秉承公益创业的信念，让旅行成为最美的教育。

以上内容只是这些国际志愿组织的性质及基本情况介绍，具体有哪些活动项目及参与项目的申请方式，你们可以去这些组织的官网或公众号查看。除了参与志愿活动，你们还可以利用课余时间锻炼身体，为个人发展提供充沛的精力，提升生活质量。毛主席说过，身体是革命的本钱。体育锻炼是必不可少的，没有好的身体，一切荣华富贵、雄心壮志都是浮云。

大学时期你们要利用难得的宽松环境，宽裕的时间，好好锻炼身体，管理好自己的身体。高三时根本没什么时间运动，到了大学就要多做运动，要坚持科学的健身锻炼。把健身锻炼融于日常生活中，即使每天抽出一点点时间慢跑或步行，也会收到良好的效果。积极的体育锻炼有助于强健身体，而强健的身体能提供充沛的精力去学习、去工作，能够提升人们的生活质量。

对于大学生来说，坚持锻炼身体有诸多好处：运动能增强免疫力，有利于增强抗病能力；运动还会对人的心理产生积极的影响。适当的运动可以缓解精神压力，有利于消除一些同心理紧张有关的不良行为，如吸烟、酗酒、过食等。运动可以对抗焦虑或抑郁状态，可以改善睡眠，在这方面，适量的运动所产生的效果甚至优于药物；运动还有利于培养坚韧不拔、不畏艰难的顽强意志和勇敢拼搏的奋斗精神、形成良好的心理素质。

锻炼身体起步容易，但是坚持下去就需要自律与毅力了。你最好能根据自己的身体状况和客观条件制订出一个体育锻炼计划，并邀请同学或朋友一起锻炼，大家互相监督。身体锻炼得好，不但能让你精力充沛，甚至能为你带来兼职的机会。比如去健身房当兼职健身教练，去各小区的会所教授瑜伽或韵律舞等，都可以带来可观的收入。现在年轻人越来越喜欢运动，前往健身房锻炼已经成为一件平常的事情。在大学周围的健身房，平时训练的学生也比较多，生意比较火爆，通常健身房会招收一些兼职学生教练，一方面可以指导学生，另一方面也可以吸引更多的学生客源。但是这些健身房的兼职健身教练也不是任何人都可以当的，一般健身房要求学生拥有从业的资格证书，一定的健身专业知识和一个健美的身材。大学生可以选择在寒暑假阶段前往健身教练培训机构参加培训。大概一个寒暑假的周期，就可以完成三个月的私人健身教练培训，拿到相关的从业资质。

好了，关于如何安排课余生活的讨论，我们就进行到这吧。老师介绍的这些方式、案例，也只是起到抛砖引玉的作用，你可以继续去搜集一些好的案例予以借鉴。今后有什么问题，欢迎你和你的同学们继续私信老师，积极与老师交流，我将竭尽所能地为你们解答疑惑。

祝你学有所成，前途似锦！

老师：聂杜娟

十一月二十日

好警察是怎样炼成的

第一封信　好警察怎样对待工作？

小志同学：

你好！很高兴你积极参与了学习通上"大学生如何培养职业"的讨论。这是本学期最后一章的内容，课堂讨论的时间过得很快，你遗憾地说意犹未尽。既然如此，我用写信的方式继续与你交流吧。

从讨论中看得出来，你是一名上进的学生。你说既然考进了警校，希望自己能够做一名好警察。这也是大多数警校学生的愿望。想做一名好警察，首先要知道好警察是什么样子的。你说原以为好警察就是要严格执法。可是当你因开车熄火堵塞了交通而遭到交警训斥时，对如何严格执法又感到了困惑。

小志，从你的问话里，我感到咱们有必要深入交流一下好警察是什么样子的。在我看来，"严厉训斥"不等于"严格执法"，同时严格执法也不等于好警察的全部内涵。好警察如何对待工作——这是你最关心的也是我想在这封信里与你交流的问题。我认为，好警察应当有好的职业品格。所谓职业品格，指的是从事某一职业的基本素质，往往决定着一个人职业成就的大小。警察是一个充满危险性和挑战性的职业。司法行政机关人民警察入警时都要宣誓："我志愿成为中华人民共和国人民警察，献身于崇高的司法行政事业，坚决做到对党忠诚、服务人民、执法公正、纪律严明，矢志不渝做中国特色社会主义事业的建设者、捍卫者，为维护国家政治安全、确保社会大局稳定、促进社会公平正义、保障人民安居乐业而努力奋斗!"从入警誓词可以看出,一名好警察应当具备忠诚、明法、公正、为民和廉洁的职业品格。下面我们就详细聊聊这五种职业品格。

忠诚是警察职业品格的灵魂。忠诚包含两方面的内容——对党忠诚,对国忠诚。对党忠诚,意味着深刻领会习近平法治思想,深入贯彻党的基本路线和各项方针、政策,坚持党和人民的利益高于一切,严格执行党的决定,积极完成各项工作任务。对国忠诚,意味着热爱祖国,自觉维护祖国的安全、荣誉和利益,并把对祖国的爱融入司法行政工作实践中。对法忠诚,意味着以法治价值和法治精神为导向,自觉运用法律原则、法律规则、法律方法处理问题。小志,你常常翻看手机,肯定看到过不少忠诚的好警察的事迹:云南省官渡监狱三监区一线带班责任警察禹凌云,从警 20 多年,累计对服刑人员谈话教育数千余次,化解矛盾几百次,帮助多名出狱服刑人员走出困境,在生命的最后一刻仍保持着工作时的姿势——上身正直,双眼紧盯执勤台;黑龙江省香兰监狱机关二支部书记、狱政管理科科长李国洋,患双侧股骨头坏死六年多了,每走一步都强忍髋关节疼痛,可他没有退缩,仍然战斗在监管改造第一线,他在短短的三个月里深入监区检查就达 70 余次,还亲自组织押解服刑人员 10 余次,被同志们尊称为"硬汉"……如果没有对党忠诚、对国忠诚的信念,他们不可能克服常人难以克服的困难,不可能在平凡的岗位上创造出不平凡的工作业绩。说到忠诚,不得不提 2016 年香港地区发生的宣誓风波。当 70 位立法会议员根据香港特别行政区基本法宣誓就职时,香港"青年新政"立法会两名议员在宣誓时展示印有"Hong Kong is not China"字样的横幅,两人以英语读出誓词,公然将"China"读成"支那",后来,香港特别行政区高等法院裁决取消两人议员资格。你的一些小伙伴可能觉得那两名青年很"酷",但你仔细想想,宣誓实质是在履行效忠义务,那两名青年身为立法会议员却做出了违法行为,这不是什么"酷",而是糊涂!

明法是警察职业品格的基础。明法有两层含义,一是指通晓法令,即能知法。《后汉书·郭贺传》说："贺能明法，累官，建武中为尚书令，在职六年，晓习故事，多所匡益。"说的是郭贺能通晓法律，连连升官，建武时期做尚书令，在职六年，因熟悉过去的史事成例，在很多方面有所匡正和增益。另一层含义是使法令严明。《管子·幼官》说："明法审数，立常备能则治。"说的是修明法度，详审政策，建立常规，配备能臣，可以带来国治。你也许觉得，与普通高校的大学生相比，咱们警校的大学生并不缺乏法律知识。但老师想告诉你，拥有了法律知识并不等于明法。兰州市发生过这样一件事儿：一所大学法律专业 4 年级学生小刘在安宁西路附近的网吧"包夜"上网，其间浏览了淫秽网站，精神处于亢奋中，于是他把所学的法律知识抛在了一边，凌晨 3 时许来到附近一偏僻巷道，尾随身穿超短裙的女青年，并伺机对受害人实施强奸，结果身陷囹圄。作为法律专业 4 年级的学生，小刘会缺乏法律知识吗？但是，他空有法律知识，却没真正领悟法的价值和法的精神。明法是知行合一的理念，真正的明法要把法的要求贯彻到工作、生活当中，而不是停留在书本、考卷上。浙江省"最美人民警察"——十里丰监狱狱政管理支队支队长徐旭云，为了推进监狱阳光执法体系建设，逐句逐条对照查阅相关法规制度、条例文件，忙着与支部班子成员、分监区领导、新老民警谈话，忙着深入服刑人员了解情况，忙着检查分监区日记……忙得忘记了回家，就连结婚纪念日、儿子过生日都统统丢到了脑后。经过多年的实践探索，一个"量化择优"的阳光执法体系落地，随之而来的是《罪犯分层量化规范考核办法》《罪犯减刑假释择优呈报办法》《罪犯行政奖励择优评比办法》等十多项执法细则出台，服刑人员的改造行为有了统一的考核标准及对应的分值，让整个执法过程在阳光下操作、全过程公开。你看，这才是明法的好警察。

公平是警察职业品格的根本。小志，作为一名法律专业的学生，你知道"法"字的含义吗？"法"的古体字是"灋"。汉代许慎《说文解字》说："灋，刑也。平之如水，故从水；廌（zhì）所以触不直者去之，从去。"许慎解释了"灋"字的由来——左边是水字旁，因为古人觉得水面是最平的，用来形容"法"是最公平的；右边上半部分"廌"是一种独角神兽，据说有断案本领，会用角顶走不正直的人，所以下半部分是"去"。抛开古人唯心主义的神兽断案说，可见"法"字的本义就是公平。所以，习近平总书记说过：要让人民群众在每一个司法案件中感受到公平正义。公平正义是贯穿法治思维的红线。公平正义说起来简单，做起来还真的不容易。公平正义主要包括权利公平、机会公平、规则公平和救济公平。你可能也在网络新闻中看到，某地车主在高速公路上开车，一个月就因为超速多次被扣分。据车主统计，平均每三分钟就要更换一次限速标志。前一分钟还限速 80，没等大家反应过来就变成了 60。全境有 587 处限速值在 40km/h 以下的测速设备，且在短时间内多次抓拍。这是因为该地存在道路限速值过低、测速设备设置不当、限速标志缺失和遮挡污损、测速提示不到位、超速处罚不规范等问题。你看，这里的交警貌似在"严格执法"，实际上却成了"钓鱼执法"。让执法对象平等地享有基本权利，拥有相同的发展机会，适用同一的规则和标准，保证他们权利受到侵害时得到平等有效的救济，以公心行无私之事，这才是一名恪守公平正义理念的好警察。

为民是警察职业品格的核心。为民就是说人民警察的一切权力为民所有、一切权力为民所用。小志，不知道你有没有注意到，很多执法部门都悬挂着"为人民服务"的牌匾。你知道"为人民服务"这一口号的来历吗？它是毛泽东悼念警卫员张思德时提出的。张思德于 1943 年被选派到中央警备团，担任毛泽东的警卫工作。按规定，警卫员冬天执勤时可以放下棉帽的帽耳。张思德担心因此影响视线和听力，总是不肯放下帽耳，以至于耳朵上长了冻疮。1944 年上级组织一个小分队去安塞烧炭，张思德第一个报名。为了多出炭，张思德在完成自己任务的同时，又参加了突击队，与战友小白一起开挖了一孔新窑。由于土质松软，加上雨水渗透，即将挖成的窑洞突然塌方。危难时刻，张思德奋力把身边的战友小白推出窑外，自己却被压在窑内，不幸牺牲。毛泽东参加了张思德的追悼会并讲话，后被整理成《为人民服务》一文。"为人民服务"

是毛泽东对国家公务人员的要求，也是一名好警察应当坚守的信念。

新时代不乏"为人民服务"的典型。你听说过武汉市公安局东湖新技术开发区分局关东派出所副所长夏端的故事吗？夏端在接到市局反电信网络诈骗中心预警——某小区 51 岁的李女士疑似遭遇电信网络诈骗后，立即准备电话联系李女士，同时派出步行街警务站民警赶往其住所上门劝阻。没想到，夏端接通李女士电话，李女士一听是"武汉警察"，只说了句"北京市公安局要求我不能与任何人联系，不能与任何人见面"便挂断电话。夏端没有气馁。2 个多小时里，他发送了 11 条短信，李女士都不为所动，拨打了 20 多个电话都被挂断。但夏端依然没有放弃，因为他想到李女士越不接电话越可能受骗。当他第 29 次拨通李女士的电话时，李女士终于接听了，说："冷静下来后，我想我是真的被骗了，我不会转款了。" 29 个电话，这就是"为人民服务"的最好诠释。

小志，你一定去过学校的校史展览室。还记得其中一位师兄——四会市公安民警大队王继贤吗？ 2006 年 8 月 4 日早上 7 时 53 分，王继贤所在的四会市突发泥石流灾害，他接警去解救被泥石流困住的群众。在救出一名 45 岁的妇女后，山上碎石滚落，情况十分危急。但当他听说可能有一名孩子被困房间内时，仍不顾一切继续解救群众，结果被突然大量倾泄的泥石流掩埋，光荣牺牲。每次看完这个展览，同学们都感动不已。"为人民服务"在其他行业可能意味着兢兢业业、任劳任怨，但在警察这个特殊的行业，可能意味着生命的承诺。

廉洁是警察职业品格的底线。小志，你一定知道战国时期的伟大诗人屈原，廉洁这个词是他在《楚辞·招魂》中使用的："朕幼清以廉洁兮，身服义尔未沫。"东汉著名学者王逸在《楚辞·章句》中对"廉洁"做了注释："不受曰廉，不污曰洁。"也就是说，不接受他人的馈赠的钱财礼物，不让自己清白的人品受到玷污，就是廉洁。你可能也注意到了，咱们这门课有廉政教育的内容。我记得你的一位小伙伴很惊讶地说："我们又不是大领导，为什么要进行廉政教育？"其实，将来走上工作岗位，并不是只有大领导才有机会贪腐。湖南省武陵监狱医院一名普通警察周阳在监狱会见中心遇见服刑人员许某的家属，许某家属强行将两条黄芙蓉王香烟塞给他，并立即驾车离开。面对无法退回的香烟，周阳没有一丝犹豫，立即将香烟如数交到监狱纪委监察室，并详细说明了情况。你看，监狱医院一名普通警察同样有贪腐的机会，所以头脑中廉洁之弦丝毫不能放松。两条香烟事情不大，但千里之堤溃于蚁穴，贪腐的念头和贪腐的财物日积月累，终会成为压垮人生的稻草。党的十八大以来我们国家重拳反腐，打虎拍蝇，越来越对腐败零容忍。一名好警察就要时刻牢记各项规章制度和法律规定，严守纪律、法律红线，杜绝吃拿卡要、变通执法犯法、关系案人情案的发生，做干净担当的执法者。

忠诚、明法、公正、为民、廉洁，老师用这五个词粗线条勾勒了好警察工作的样子。小志，不知道你是否认同？也许你还有更多的想法，欢迎你随时与老师联络。做一名好警察是警校学生的初心。老师相信，只要你真心想做一名好警察，并拿出实际行动来，你一定会成功的！

老师：叶穗冰

十二月二十日

第二封信　好警察怎样处理人际关系？

小志同学：

你好！很高兴这么快就收到了你的回信，更高兴的是你说会在书桌旁贴上"忠诚、明法、公正、为民、廉洁"勉励自己。同时，你也提出了一个疑问：好警察必须大公无私、不近人情吗？

你说的"大公无私""不近人情"，可以归结为社会关系的问题——公与私的关系、人与己的关系。马克思说："人的本质不是单个人所固有的抽象物，在其现实性上，它是一切社会关系的总和。"那么，老师这封信就从社会关系入手，谈谈好警察如何处理人际关系吧。

小志，我知道你说好警察必须不近人情，是担心陷入人情的羁绊中，徇私枉法。是的，情感有的时候是一种负担。但我们都不是石头缝里蹦出来的孙悟空，我们上有父母，到了一定年龄也会下有子女。这种情感是一种责任，是我们来到这个人世应尽的责任，我们无从逃避。关键是我们如何处理好私人情感与工作之间的关系——那就是，把握法律与正义的原则，公私分明，对工作尽心尽力，对家人深情关爱。

你可能会问：如果忠孝不能两全时怎么办？是的，忠孝不能两全是一个痛苦的抉择，但有国才有家，我们只能先取"大家"后而"小家"，就像古人对"生"与"义"的论辩一样——"两者不可得兼，舍生而取义者也"。但这并非常态，我们不能以此为由拒绝尽照顾家人的责任。更多的时候，我们要设法兼顾工作与亲情。即使是石头缝里蹦出来的孙悟空也有亲情呢。你看他有师父唐僧，自古师徒如父子；他还有猪八戒和沙僧两个同门，他们正如三兄弟。虽然一路上磕磕绊绊，但他们互相照顾，在危难时甚至不惜牺牲自己去救对方，不也是一种亲情吗？

古人云：百善孝为先。孝顺不仅是对父母恩情的回报，更是对社会文明风尚的推动。一个不爱自己父母的人，不可能是一个爱社会的人，也不可能是一个爱国家的人。警察是社会正义的守护者，也是社会上的人们仿效的对象。如果警察不孝敬父母，又如何能够理直气壮地与虐待老人的违法犯罪行为作斗争？如果警察自己搞婚外恋、抛妻弃子，又如何能够为同样被配偶抛弃的弱势群体争取应得的权益？如果警察与自己的同胞兄弟姐妹争夺财产、骨肉相残，又如何能够让社会上的人们相信法律、信任警察？

内蒙古自治区乌审旗公安局民警卓娜工作之初，母亲就因病瘫痪在床。尽管工作繁忙，卓娜仍然与父亲一起每天帮母亲洗脸擦身、喂饭吃药。不幸的是，父亲也因病住院，卓娜一下子要面对两个病人。她每天凌晨4点钟左右起床，先是照顾母亲洗漱、吃饭，再到医院照顾父亲洗漱吃饭，然后准时赶到公安局上班。中午匆忙回家做饭，先喂母亲吃饭，再给父亲送饭，然后下午准时去上班。一年不到的时间，卓娜掉了30斤肉，但在她的精心照顾下，久病卧床的父母亲没生褥疮，连医生都啧啧称奇；同时她没有一次迟到早退，工作上尽职尽责。

另一位郑州市金水区紫荆山公园派出所民警韩爱民，曾因抓捕犯罪嫌疑人导致脾脏被摘除、左胸肋骨全部断裂。但他依旧奋战在一线抓捕犯罪嫌疑人，忙起来一个月才回一趟家。他的儿子患脑萎缩和癫痫，特别依恋父亲，总是抓着父亲的手不让他出门上班。韩爱民索性带着儿子一起去蹲点守候犯罪嫌疑人，一蹲就是好几个小时。他常内疚地说："下辈子不当警察了，天天陪儿子。"可是单位的电话一响，他又义无反顾地冲出门去。小志，这两名警察心中对国家有大爱，同时也有对父母妻儿深深的爱。他们不是一些文学作品中高大上的英雄，但他们是我们身边有血有肉可效仿的榜样。

　　除了亲人之外，警察接触最多的就是同事。很多警察喜欢把同事唤做"兄弟"。小志，我知道你和同学之间也经常互称"兄弟"，但只有经历了生死与共，你才能真正明白"兄弟"二字的分量。湖南省怀化市溆浦县公安局两丫坪中心派出所民警曾义和、陈琳、钟斌驾驶一辆警车追赶盗割光缆并强行冲关的嫌疑车辆。当追至海拔1700多米的太阳山时，嫌疑车辆轮子打滑不能前进，警车也因路面结冰制动无效，迅速向悬崖边滑去。在危急关头，曾义和将两位兄弟推出车外，但自己却错过了跳车的时机，随着车子掉落悬崖，造成颈椎粉碎性骨折并后脱位，颈脊髓挫裂伤，颅骨骨折，四肢瘫痪。曾义和上有80岁瘫痪老父，下有残疾小儿，家庭负担很重。但在千钧一发之际，他却舍身救同事。没有平日兄弟般的情谊，危机时刻他能做出这样的举动吗?

　　警察是一种人际关系压力较大的工作。终日接触各类违法犯罪分子，其中一部分是杀人、抢劫暴力犯罪分子，工作高度紧张，个人生命安全也面临危险，由此产生安全压力；由于全身心投入司法行政工作中，没有时间和精力照顾家庭，与亲人关系紧张，常常处于内疚之中，由此产生家庭压力；个别网络媒体对警察工作有偏见，不时出现不负责任的负面报道，由此产生舆论压力。众多的压力源汇集在一起，使得警察容易出现焦虑、忧郁、强迫、痛苦、人际敏感等症状，甚至发生严重的心理危机。对监狱警察心理健康状况的调查显示：监狱警察的心理健康水平低于全国成人常模，心理痛苦水平高。除人际关系敏感因子外，监狱警察和全国成人常模之间各因子均存在差异，其中抑郁因子和附加项有部分差异，躯体化、强迫、焦虑、敌对、恐怖、偏执、精神病性等7项因子有显著差异。同时，监狱警察日平均工作时间超过8小时，有些监区甚至达到12小时以上；绝大多数监狱警察不能在法定节假日休息，即使在休息时间也要随时准备接受突发任务；由于作息时间不规律，他们与家人、朋友相处的时间较少，服刑人员构成了他们主要面对的社会群体。对监狱警察职业心理的调查显示，相当一部分监狱警察感觉不适应工作，主要表现是：工作环境过于偏僻和闭塞，人际沟通的压力比较大；

在监区不能携带通信工具，给自己的社交造成了很大的障碍；女子监狱警察普遍反映工作和家庭之间的矛盾给自己造成了很大的压力。

小志，看了这一组数字，你也觉得当警察相当不容易吧！实际上，警察也是普通人，由于工作面临较大的压力，他们更需要亲情友情的支持。稳定、温馨的家庭港湾，对于缓解警察的身体疲劳和精神焦虑都有重要意义，保证警察能够轻装上阵、高效工作。同时，警察是一种高危职业，也是一种需要紧密合作的职业，同事之间的团结与信任是完成任务的重要保障。和谐的工作环境对个人身心健康都起到积极的作用。一个人如果每天都处在团结和睦的氛围中，心情愉悦，工作起来也更有动力；反之，一个人如果每天都处在冷漠甚至敌视的氛围中，处处防范，也就很难有工作的激情与创造力。小志，这样看来，所谓"不近人情"既不现实，也无必要。

即使在工作中，对受害人甚至犯罪嫌疑人倾注亲人般的关爱之情，也能起到更好的工作效果。江苏省南京市浦口区公安分局珠江派出所接到市民报警，一名两三个月大的残疾男婴被抛弃在街头。三位男民警一时无法找到孩子的父母，担心婴儿饿着，就跑到超市里买来奶瓶、奶粉，仔细按照说明冲调好奶粉，然后小心翼翼地托起奶瓶，把试好不烫嘴的牛奶一点点喂入婴儿嘴里。喂完奶，民警们担心婴儿吐奶，抱着他轻轻摇晃、拍打，一边调度处理警情，一边在工作间隙逗孩子玩耍，直至孩子破涕为笑。三名铁肩担道义的汉子瞬间化为温柔的"奶爸"，这一幕感动了万千网友。

同为江苏民警，徐州市铜山区公安局利国派出所刘奇林，则在犯罪嫌疑人掏出锋利的匕首刺向受害人脖颈的瞬间，因为来不及夺刀，情急之下伸出右臂挡在受害人脖颈前，结果被犯罪嫌疑人一刀贯穿右臂，血流如注，4根肌腱断裂。在受刘奇林手臂阻挡后，犯罪嫌疑人的刀子仍刺入受害人脖颈2厘米深，但没有刺穿大血管。受害人保住了一条性命，而刘奇林却留下了终生的残疾。为受害人舍身挡刀，这是一种怎样的"铁汉柔情"！这不是文学作品，而是真实发生在我们身边的故事。其实，警察的工作职责是打击犯罪、保护人民。这一职责决定了警察既要对犯罪"疾恶如仇"，也要对人民柔情满怀。把受害人当成自己的亲人——这正是一名好警察的担当。

　　小志，你可能可以理解警察对受害人的感情，但不知道你能否理解警察对犯罪嫌疑人的感情？北京市反扒民警张为民一次追捕一名扒手。当他追上扒手并把扒手按压在身下时，正准备掏出手铐，突然看见扒手伸手在腰间摸索起来。凭经验，他知道扒手在掏刀子。他用手把扒手掏刀子的手死死按住，而扒手力气很大，拼命挣扎，两人扭作一团。张为民一边与扒手打斗，一边大声喊："我不会让你把刀子拔出来！绝对不会！"恰在此时同事赶来，两人一起制服了扒手。扒手恶狠狠地瞪着张为民，眼里冒出仇恨的火。张为民却对扒手说："知道我为什么不让你把匕首拔出来吗？我不是怕你伤了我。如果你把匕首拔出来，就算不伤人，犯罪的性质也就变了，至少你要在监狱多蹲几年。"扒手一愣，随即低下了头。张为民几年里先后抓过200多名扒手。每次抓到扒手，他都会详细询问扒手作案的原因和家庭情况，如果扒手家庭确实困难，他往往自掏腰包帮助扒手的家庭，有的扒手家人长期得到他的帮助。尽管张为民把这些扒手送进了监狱，可是他们却对张为民感激不已。小志，你觉得张为民是一名好警察吗？犯罪分子尽管有危害人民的一面，但他们也有亲情。国家机器的最终目的不是打击犯罪，而是减少乃至消除犯罪。警察把违法犯罪分子当成犯了错误的亲人，真心为他们着想，以真情感动他们，才能使他们迷途知返，尽快回归社会正轨，成为有益于社会的人。

　　小志，老师举了这么多例子，不知道是否有助于你理解警察与亲人、同事、受害人、犯罪嫌疑人之间的关系？每一名成年人都有多重社会角色，都要处理复杂的人际关系。能否处理好这些关系，不仅决定着我们工作的成效，也影响着我们身心的健康。希望你想明白这个道理，今后做一名心存大义、满怀真情的好警察！

老师：叶穗冰

十二月二十日晚

第三封信　怎样成为好警察？

小志同学：

　　你好！你的回信写满了整整三张纸，看来你对"好警察"这个话题是作了深入思考的，老师很欣慰。你说前两封信让你明白了好警察是什么样子的，也明白了想做一名好警察是很不容易的，你不知道自己能否成为一名好警察。既然如此，老师想跟你谈谈怎样才能成为一名好警察。

　　习近平总书记说过一个形象的比喻："理想信念就是共产党人精神上的'钙'，没有理想信念，理想信念不坚定，精神上就会'缺钙'，就会得'软骨病'。"正如肉体需要钙的支撑一样，其实，不仅共产党人，每一个堂堂正正的人都需要理想信念作为精神支撑，否则就会精神颓废、一蹶不振。

　　你看，古今中外凡能成大事者，无不是具有坚定的理想信念并为之不懈奋斗的人。邓小平青年时代曾在法国勤工俭学，亲身体验了资本主义制度下劳动人民的艰苦生活，体验了受压迫剥削的滋味，对资本主义有了切身体会和深刻认识，为他以后真正走上革命道路打下了基础。他参加了旅欧中国少年共产党，成为旅欧青年共产主义组织最早的成员之一，也是最年轻的成员。后来，他在巴黎认识了周恩来，在周恩来的领导下积极投入到学习马克思主义理论活动之中，得到迅速成长。1924年下半年，邓小平正式加入了中国共产党，成为旅欧中国共产主义青年团领导机构执行委员会成员之一，实现了由一名爱国青年向有着坚定理想信念的共产主义者的转变。邓小平的政治生涯十分曲折，经历了著名的"三落三起"。特别是"文革"初期，已经 63 岁高龄的他被下放到江西新建县拖拉机修造厂劳动改造。很多人担心他无法承受一夜之间从"国务院副总理"到"工人"的巨大落差，但他坚强乐观地做了 5 年普通钳工，直至平反。20 世纪 80 年代，加拿大前总理特鲁多在下野后向邓小平请教复出的"秘诀"，邓小平的答案是"忍耐和信仰"。他被美国著名作家哈里森·索尔兹伯里誉为"永远打不倒的小个子"。正是对共产主义的坚定信仰，才让邓小平能够克服人生道路上的重重困难，最终成长为一代伟人。

怎样才能像邓小平一样坚定共产主义理想信念，并让它成为我们人生的指路明灯呢？习近平总书记在同北京师范大学师生代表座谈时说过："要注重加强中国特色社会主义理论体系的学习，加深对中国特色社会主义的思想认同、理论认同、情感认同，不断增强道路自信、理论自信、制度自信，积极引导学生热爱祖国、热爱人民、热爱中国共产党。"理想信念并非一朝一夕形成的，它来源于对马克思主义理论的深刻理解、对中国特色社会主义实践的准确把握，只有"真懂"才能"真信"。小志，你现在正是人生立志的年龄，应当加强中国特色社会主义理论体系的学习，同时不断拓展自己的知识面，早日确立共产主义理想信念，把理想信念作为人生奋发向上的永不枯竭的动力。共产主义理想信念说起来很高远，其实也很接地气——成为一名好警察、为人民谋幸福，就是共产主义理想信念的具体表现。

有了成为一名好警察、为人民谋幸福的理想信念，还要有为人民服务的本领。警察是执法者，首先应当学习掌握法律专业知识。警察只有知法才能守法，守法才能执法，执法才能"努力让人民群众在每一个司法案件中感受到公平正义"。反之，如果警察不懂法，就无法做到有法必依、执法必严、违法必究，就无法在法律服务工作中传播法律精神，人民群众也就不会相信法律。习近平总书记说："建设法治国家、法治政府、法治社会，实现科学立法、严格执法、公正司法、全民守法，都离不开一支高素质的法治工作队伍。法治人才培养上不去，法治领域不能人才辈出，全面依法治国就不可能做好。"

小志，你现在是警校学生，将来就可能是这支高素质的法治工作队伍中的一员。三年的大学生活，第一年是基础课，第三年实习，扎扎实实学习法律专业知识的时间不多。珍惜每一节专业课，像海绵吸水一样吸收法律知识，才能为将来做一名好警察打下坚实的专业基础。切莫辜负了光阴，辜负了韶华。

除了法律知识，警校学生还要尽量拓展自己的知识面。广博的知识有助于我们拨开迷雾找到案件的真相，有助于我们在复杂的社会环境中科学地执法，也有助于我们更高效、规范地完成各项工作任务。清远市公安局清城分局指挥中心副指挥长姜杰在工作中发现，派出所普遍存在警力不足的情况，如果能够对线索快速研判、实时流转，实现警力精准投放、集约使用，就能有效地缓解警力不足的矛盾。他用了两个月时间，凭借丰富的工作经验，分析共享各类数据数十万条，充分运用信息技术创新出一套警情评估"四色预警"工作机制，成功降低了当地接报的"两抢一盗"等警情，并在第三届广东公安智慧新警务大数据建模大赛情指部门决赛中，依托该机制创制出"派出所警情与警力效能评估"模型，获得了全省第一名的好成绩。小志，信息时代社会发展日新月异，知识几年就会翻新一次，如果我们不养成勤奋学习、终生学习的好习惯，就不能成为一名好警察，甚至无法在信息时代立足。警校与普通高校不同，既要学习文化知识，又要进行体能训练。有时候，看见你们因出操劳累而在课前趴倒小睡时，老师也觉得心疼。但是，玉不琢不成器，正是日复一日的知识积累和体能训练让你们成长为人民的保护神。

其实，很多时候大学生不是没有理想信念，而是在遇到困难时选择了放弃。这是意志不坚定的表现。小志，我知道你是家中独生子，从小集爸爸、妈妈、爷爷、奶奶、外公、外婆的宠爱于一身，没有经历过人生的风雨。但是，人生的道路不可能一帆风顺，父母也不能永远为我们遮风挡雨，我们要有意识地磨练自己的意志，以迎接将来的各种挫折与挑战。

很多伟人都从小注重磨练自己的意志。毛泽东的少年时代在湖南度过，那里的冬天寒风凛冽，冰天雪地。当人们裹紧棉衣出门时，毛泽东却在雪地上汲取井水一桶桶地往身上浇，以冷水澡来磨练自己的意志。读书时，别人都是找个安静的地方看书，毛泽东却专门拿着书本到闹市中读书，以闹中求静来磨练自己的意志。毛泽东参加革命后，领导中国红军从一支小小的游击队起步，以少胜多，以弱胜强，历经抗日战争、解放战争，最终建立起一支强大军队，解放了全中国。期间，毛泽东多次遭受人生的挫折，包括受到"左倾"错误的排挤，患上了恶性疟疾挣扎在生死线，甚至被共产国际误发了讣告，也包括痛失爱妻与爱子，可是他凭借自己强大的意志，坚持战斗，勇敢地面对人生的挑战，终于成为一代伟人。

习近平总书记说："全国广大青少年，要志存高远，增长知识，锤炼意志，让青春在时代进步中焕发出绚丽的光彩。"小志，作为警校的大学生，我们更要有坚强的意志，以后才能百折不挠地实现我们的理想。三年的大学生涯，我们要顶着星星出操，踏着月光训练；我们不仅要学好法律知识，还要参加春节火车站安全保卫工作等实践活动；我们不仅要精心准备公务员考试，还要通过警察体能测试。有些同学把这些看成是大学生活的"痛苦"，其实这些"痛苦"正是磨练意志的最好时机。当我们懂得面对困境积极寻找突破口而不是消极沉沦，当我们学会在痛苦中坚守自己的志向甚至以苦为乐，我们就成了一个强大的人，不仅能保护自己，也能保护我们身边的人。

对于我们身边的人，我在上一封信中说过这样一句话："这种情感是一种责任，是我们来到这个人世应尽的责任。"很高兴你在回信中认可了我这句话。我一直以为，"00后"更喜欢用"自由"而不是用"责任"来描述情感，看来并非完全如此。我很愿意与你探讨一下"责任"。因为我觉得，成为一名负责任的警察，也就是一名好警察。

那么，什么是"责任"，怎样成为一名负责任的人呢？《汉语大词典》对责任有三重解释：其一，使人担当起某种职务和职责；其二，分内应做之事；其三，做不好分内应做的事，因而应承担的过失。

要成为一名负责任的人，首先要正确认识自我。认识自我是使人成为责任主体的基础。古希腊时期雅典德尔斐神庙前的石碑上就镌刻着阿波罗的神谕"认识你自己"。卡西尔在《人论》的开篇句也强调"认识自我乃是哲学探究的最高目标"。

信息时代的大学生在认识自己上存在着一些反差：一是真实自我与虚拟自我的反差。目前，大学生手机上网率达到100%，上网的目的除了查阅资料外，就是玩游戏、看网络热播剧、与网友聊天，在现实生活之外形成了一个虚拟生活圈。在这个生活圈中，大学生成了自己想象中的人——平时不擅交际者可能频频在朋友圈亮相；平时胆小怯懦者可能成为游戏英雄；平时学习吃力者可能成为无所不知的天才。这样，一些大学生分不清虚拟与真实，错误地认为在虚拟社会做事不用负责任，乃至铸成大错。二是知与行的反差。大学生从小到大都在接受马克思主义和传统文化教育，并非不懂为人处世的基本道理，很多时候是自控能力差，"想"与"做"矛盾，"知"与"行"背离。而且，相当一部分大学生没有认识到自己知与行的反差，把自己的知当作是行。你可能也注意到了，一些同学在"思想道德与法治"期末考试中能够拿高分，但是在操行上却差强人意，是认知上的"巨人"、行动上的"矮子"。三是社会认识与自我认识的反差。小志，你所在的班级是提前招录班。一些同学自视甚高，觉得自己是高分考入学校的，抱怨学校没有给自己提供施展才华的机会。但是，当学校真的提供机会——比如本学期的"学党史演讲比赛"，结果平时自恃高分的学生因为没有好好准备而败给了别的专业的学生。

要成为一名负责任的人，在正确认识自我的基础上还要管理自我。管理自我是大学生对自己负责任的表现。小志，你们在高中时，白天九节课，晚上强制自习，即使双休日也被堆积如山的作业和各种名目的辅导班所占据，没有自己可以安排的时间。但是，当你们进入大学校门后，学校和家庭的管理顿时松懈下来，没有强制晚自习，双休日也空闲了。一些人无法适应从高中到大学的由"他律"到"自律"的变化，不懂得管理自己，于是终日无所事事，或是沉迷于网络之中，白白浪费了大好光阴。

　　要成为一名负责任的人，在管理自我的同时也要发展自我。所谓发展自我就是按照个人的特点进行自我设计，并沿着自己设计的方向不断努力，最终达成自己设计的目标。发展自我是大学生对社会负责任的表现。很多父母从孩子降生之日起就对孩子的人生做好了规划设计：学前班、省一级幼儿园、重点小学、重点中学、大学……相当一部分大学生考取什么样的大学和选择什么样的专业都是父母做主。因为缺乏对学校和专业的了解，一些学生跨入校门后对未来感觉十分茫然，因而不思进取，只注重眼前的娱乐享受。小志，大学生要对自己负责，意味着我们要对自己的身体负责，不为贪恋手机而过度消耗自己的精力；意味着我们要对自己的学习负责，不为贪图安逸而在课堂上睡觉，不以训练紧张为由忽视自己的学习；对自己的生活负责，懂得照顾自己的生活，正常作息，劳逸结合，注重个人卫生，讲究文明礼貌。今年你已经满 18 岁了，从此就是一名成年人，能否负责任是区分成年人与未成年人的标准。对自我的责任感促使我们勤奋学习，对集体的责任感促使我们忘我工作，对人民的责任感促使我们勇于奉献，在奉献中成为一名好警察！

　　对于我们身边的人，我们也要懂得感恩。感恩是对别人所给的帮助表示感激，是对他人帮助的回报。乌鸦尚有反哺之举，何况有血有肉的人呢！我们感恩父母，因为他们含辛茹苦把我们养育成人，我们应当用长成的身躯为他们遮挡人生的风雨；我们感恩老师，因为他们呕心沥血传授我们知识，我们应当用所学的知识建设一个更加美好的社会；我们感恩陪伴我们成长的每一个人，是他们为我们的人生增添了许多美好的回忆。

　　即使身处高位，习近平总书记也常怀感恩之心。他青年时代曾在梁家河村插队，农民吕侯生为他做饭。习近平酷爱学习，常在煤油灯下读着吕侯生连书名都认不得的书，吕侯生就憨憨地坐在油灯的一旁，陪着习近平看书写笔记，晚上两人合盖一条被子。习近平感恩吕侯生对他的照顾。1994 年，吕侯生右腿患了骨髓炎，在医院治疗两个多月，花了

6000多元仍不见好转。在福州市担任市委书记的习近平闻讯后给他寄来500块路费，请他到福州治病。此后，只要在市里，习近平几乎每天晚上都到吕侯生的病榻前来一趟，经过治疗，吕侯生的病得到了好转，要回陕北了。习近平给他买了一张飞机票，还把2000块钱塞到吕侯生手里。1999年10月底，吕侯生在山西太原武警医院做了截肢手术，习近平闻讯后，把吕侯生的医疗费全部支付了。像习近平总书记那样常怀一颗感恩的心，我们就能正确处理人际关系，做一名让群众暖心的好警察。

小志，三年的大学学习生涯转瞬即逝，我们要珍惜每一分每一秒，不断学习和实践，厚积才能薄发。要懂得从大处着眼、小处着手，从身边小事中锻炼自己的品格。古有"一屋不扫何以扫天下"之问。习近平总书记要求领导干部"都应慎独慎微，从小事小节上加强自身修养，从一点一滴中自觉完善自己，懂得是非明于学习、境界升于自省、名节源于修养、腐败止于正气的道理。"这句话对我们警校的学生同样适用。我们应当从小事小节上加强自身修养：上课专心听讲，不让手机游戏分散自己的注意力；课后认真打扫课室卫生，为后面的班级营造一个清洁的学习环境；排队就餐，餐后随手把自己吃完饭的碗筷送到指定的地方；注重宿舍内务，管理好自己的生活；帮助有困难的同学，为班集体工作出力；课余做一名志愿者，运用自己的专业知识为群众服务……今天我们做好身边小事，明天我们才能够办好人民托付的大事！

小志，你是一名勤于思考、勇于探索的好学生。这段时间，老师一连写了三封信，与你探讨好警察应当怎样对待工作、怎样处理人际关系以及怎样成为一名好警察，希望能对你有所启迪。老师相信，只要你不忘考入警校的初心，把为人民服务作为终生奋斗目标，不被困难吓倒，不为名利诱惑，认真学习，努力工作，积极进取，你一定会成为一名真正的好警察！

老师：叶穗冰

一月十日

参考文献

[1]《马克思恩格斯全集》(第3卷),人民出版社2009年版。

[2] 张姝:"不同年龄及不同性别监狱警察心理健康状况的调查",载《中国组织工程研究与临床康复》2007年第9期。

[3] 王斐:"监狱警察职业心理健康现状调查",载《贵州警官职业学院学报》2010年第3期。

[4]《深入学习习近平同志重要论述》,人民出版社2013年版。

[5] 习近平"全面做好法治人才培养工作"(2017年5月3日),载习近平:《论坚持全面依法治国》,中央文献出版社2020年版。

[6] 习近平:"青少年要志存高远 让青春在时代进步中焕发绚丽光彩",载人民网,http://lianghui.people.com.cn/2013npc/n/2013/0317/c357320-20816075.html,2013年3月17日。

[7] 亦荣:"小事小节是一面镜子",载《陕西日报》,2013年5月29日。

谈谈大学生的品德修养

第一封信　大学生的成长成才与品德有关系吗？

若水：

你好！

今天上思政课时，以"道德面面观"为主题的讨论环节中，你抛出的一个问题引起了同学们的激烈争论。你提出，人只要才华横溢，为社会做大贡献，就是优秀人才，就会名留史册，和品德修养好不好没有太大关系。为此，你还举了爱迪生打压尼古拉·特斯拉的事例：爱迪生历经千百次实验失败后成功发明电灯的故事是众所周知的。但令人想不到的是，爱迪生为了自己的经济利益和脸面，竟然拼命排挤打压他公司前员工、也是无线电的发明者特斯拉，公开给特斯拉制造各种谣言，甚至逼迫特斯拉的投资商一度撤资……这些都导致了科学发明非常显赫的特斯拉当时未能声名大噪，反而备受非议。晚年特斯拉债务缠身，际遇坎坷也使他孤僻怪异，最后在孤独寂寥中与世长辞。要知道，除了在科学上卓有建树，特斯拉还是一名诗人、哲学家、音乐鉴赏家、养鸽专家等。可是，爱迪生对特斯拉做的这些缺德事，并没有遭到多少人批评，时至今日爱迪生还因其伟大的发明而倍受人们的赞扬。所以你得出一个结论：一个人若有杰出的才华和突出的贡献，就能流芳千古，哪有什么人会在乎其品德修养怎么样！

对于你的发言，有的同学明确表示反对，有同学则坚定地支持你，还有更多的同学可能感到困惑。因为课堂讨论时间所限，有些问题没有分析透彻。于是我决定写这封信给你，想跟你详细谈谈这个话题，同时我也准备在班级微信群里与你的同学分享这封信的主要观点。

你应该很清楚，中华民族自古以来形成了重视品德修养、讲究修身正己的优秀文化传统。注重品德修养是中国古代哲学的特色，也是中华文明中绮丽的瑰宝。《左传》中的"太上有立德，其次有立功，其次有立言"把"立德"列为人生"三不朽"之首。《礼记》中的"修身、齐家、治国、平天下"，以修身为本。历代的圣贤志士、文人学子都十分注重修身养德。故古人云："才者，德之资也；德者，才之帅也。"就是说，一个人的才智、才能、才华是品德的资本、资质；而品德才是才智、才能、才华的统帅。人的品德对人的知识学习、能力和成绩起着决定性作用，处于统领的地位。

概言之，修身正己立德就是中国人做人处世的根本，更是社会安定、国家安宁的基础。一个缺乏道德修养的人，会为社会所不容，为世人所不齿。因此，做人须先立德，行事须先修德。

若水，目前我国已经进入了新时代，在这个时代我们更要继承和发扬中华民族注重品德修养的传统。你也知道，大学生是我国社会最积极活跃、最有生气的群体，是实现中国梦的主要力量，是引领社会风气之先的社会中坚力量。大学生的个人品德，关系到国家富强和民族振兴，关系到党和人民事业的代代相传，关系到国家和民族的形象与前途。温家宝总理说得好："如果我们的国家有比黄金还要贵重的诚信，有比大海还要宽广的包容，有比爱自己还要宽宏的博爱，有比高山还要崇高的道德。那么我们这个国家就是一个具有精神文明和道德力量的国家。"习近平总书记明确指出："一个民族的文明素养很大程度上体现在青年一代的道德水准和精神风貌上。"确实，一个民族如果没有崇高的品质作为支撑，很难自立自强。而青年作为社会发展的重要力量，青年的道德水准可以很好地展现出国家和民族的文明素养。

其次，良好的道德修养是大学生健康成长、全面成才的重要保障。"若无德，则虽体魄智力发达，适足助其为恶。"习近平总书记曾经引用蔡元培这句话来说明"以德为先"的重要性。德是首要的因素，做人做事第一位就是立德。习近平总书记强调："要在加强品德修养上下功夫，教育引导学生培育和践行社会主义核心价值观，踏踏实实修好品德，成为有大爱大德大情怀的人。"可见，把"品德修养"作为社会主义建设者和接班人的基本素质，这是习近平总书记对当代大学生提出的根本标准和基本要求。

具备高尚的品德修养，能够成就人。 古人云："得道多助，失道寡助。"一个人、一个集体，只有不断加强自身的道德修养，行道德之事，走正义之路，虽然一开始的时候，理解的人可能不多，但是星星之火，必成燎原之势，随着时间的推移，实践的验证，必然会赢得许多人的支持和信任。对于今天的大学生而言，亦如此。品德修养较高的人，无论是在读书生涯、职业生涯还是日常生活里，能得到更多信赖、支持、帮助与幸福。

在大学读书，如果注重品德修养，与人为善，就能得到更多老师和同学的肯定，团结更多的同学，形成和谐的同学关系。

在步入社会开始工作后，品德高尚的人责任心比较强，更遵守职业道德规范，能得到更多来自上级的认可，能得到更多来自同事的尊重，有利于事业发展，正所谓"人无德不立、业无德不兴"，高尚品德已然是一个人实现事业成功的助跑器。

人际交往里，品德修养好的人，待人有礼貌，对人讲诚信，说话做事懂节制，对人比较宽容，对己谦虚自律，这样有个人魅力的人才能结交更多的朋友。因为人人都喜欢和品德高尚的人交朋友，与这样的人交朋友少心理负担、多坦然愉悦。

家庭生活中，品德高尚的人，更能遵守家庭美德要求，尊老爱幼、孝敬父母长辈，做到男女平等、夫妻和睦、勤俭持家，能够承担起应负的家庭责任，形成相亲相爱、向上向善的家庭文明氛围，有利于家人的身心健康，构建幸福之家。

具备高尚的品德修养，能够凝聚人。 子曰："德不孤，必有邻。"道德高尚的人不会孤立无援，一定会有志气相投的人和他亲近。洁身自好，处处与人为善，这样品德修养高尚的人，会拥有许多志同道合的朋友。不仅如此，有时候这种优秀的品德还会影响周围的其他人，从而凝聚起来，大家齐心协力，为了实现一个共同的目标而努力。

天津市青年志愿者协会会长黄春发，无论是大学读书期间还是毕业工作后，都坚持磨练个人品德修养。他曾荣获"全国向上向善爱岗敬业好青年""中国青年志愿者优秀个人"等称号，他个人累计志愿服务时间长达 3000 余小时。他敢于担当，勇做表率，组织协调全运会志愿服务工作时，连用餐用水用车的协调安排都亲力亲为，加班到凌晨是家常便饭，甚至春节都没有能够与家人团聚，还曾经带病坚持工作。黄春发甘于奉献的个人优秀事迹感动了许多人，也吸引了一群志同道合的人加入了他带领的志愿者工作队伍，为阳光助残、敬老助老、义务献血、教育帮扶、环保宣传、社区服务、公益服务、西部计划等项目，切实有效地开展各类形式多样、内容丰富的志愿服务活动。黄春发这种号召力与凝聚力，与他个人具有的高尚品德修养是密不可分的。

所以，加强品德修养，树立正确的世界观、人生观、价值观，是我们当代大学生提高素质的首要任务。立德为先，修身为本，这是个人成功的基本要求，更是大学生自身全面发展、健康成长的重要条件。大学生如果修不好德，就容易迷失前进的方向和奋斗的目标，就会不思进取、一事无成。可以说，加强品德修养，是每一个大学生求学路上乃至毕生都要进行探究的课题。

若水，你可知道《诗经》里"高山仰止，景行行止"这一句是何意？这句话是说，对于品德高尚的人，人们会像仰望高山那样敬仰他；对于行为光明正大的人，人们会效仿他。这句赞颂品行的千古名句充分说明了中国古人非常重视人品德行。如今，重视良好人格培养，也已成为越来越多大学生的自觉追求。2020 年至 2023 年，在一场看不见硝烟的新冠疫情阻击战中，无数的青年包括大学生挺身而出，担当奉献，舍小家为大家，在中国大地上谱写青春热歌，展现了当代中国青年的良好道德精神风貌。

所以，若水，你要为踏入社会做好充分准备，如果要在今后的岗位上有所作为，在大学期间就必须加强品德的修养，努力学习和传承中华文明蕴涵的崇高民族精神和优良道德传统，自觉遵循道德品质形成和发展的规律，在日常的实践中，把道德认识升华为情感和意志，形成坚定的道德信念，再把道德认识、情感、意志、信念转化为刻苦向学的实际行动，养成良好的学习习惯，让道德指导奋进的脚步。

最后，我们再来说说你在课堂上提出的爱迪生的事。若水，你可听过意大利的著名诗人但丁名言——"道德能弥补才能的不足，但才能永远弥补不了道德的不足"？爱迪生排挤其他发明家的不道德行为，显然会使爱迪生的辉煌一生传记里出现几笔粗重的灰黑色，会使他在人们的心目中的伟大形象大打折扣，也会警醒后人勿步其后尘去做不光明磊落的事。

总之，具有优良的品德修养是一个人立身处世的根本素养。大学生只有先成人，才能成材；先立心立德，然后才是立功立言。任何时候都要坚守住道德的底线，做到心有所畏、欲有所止、言有所戒、行有所限，时时加强个人品德修养，认真扣好自己人生成长的第一粒扣子。

一不留神就写了这么多。夜已深。先跟你聊到这里。期待你的回信。

顺致
安好！

老师：陈佩华

十一月十日

第二封信　大学生修何德？

若水：

　　你好！来信已收悉。

　　你在信中说，你同意我对爱迪生的分析与评价。你也意识到个人品德修养的重要性。对此，我非常高兴。我觉得你是一个爱思考、爱真理的喜欢"较真"的学生。这种"较真"，证明了你有独立思考的意识，不随波逐流，人云亦云。这是非常宝贵的品质，希望你能一直保持这种"较真"的好习惯！

　　信中你也提到一个问题，就是现在有些大学生存在个人品德失范现象，比如，考试作弊、论文作业抄袭剽窃、乱扔垃圾、霸占公共财物、在网上造谣生事、以讹传讹，等等。你想不明白，为什么这些同学受了十几年学校教育，却还是无法自觉自律，做一个有道德的大学生。

　　我觉得出现这些问题的原因是多方面的。随着社会主义市场经济的不断发展，受到竞争观念的影响，有些大学生片面强调以自我为中心，他们不顾集体利益，冲破道德底线，做事急功近利，不愿付出艰辛的努力。而出现道德失范的最深层次的原因，就是大学生对自己不负责任，放纵自己，不自律，不重视个人的形象及道德修养。

　　若水，你也知道，道德是一个人做事的行为准则，表面上看不见、摸不着，但却可以通过一个人为人处世的方式表现出来，影响个人的最终成就与长远发展。更进一步来说，青年的道德品质关乎国家和民

族的形象与前途，因为一个民族如果没有崇高的品质作为支撑，很难
自立自强。

显然，大学生一定要重品行、正操守、养心性，坚守住道德的底
线，养成高尚的道德情操，自觉远离低级趣味，远离腐化堕落，防止失
范言行。

那么，大学生应该具有什么样的个人品德修养呢？探讨这个问题前，
我想先做个小游戏：请你拿出一张白纸，然后用笔写下听到、想到"大
学生"和"警校生"这六个字后，你立即联想到的褒义性的词语，至少
写下十个词。然后，接着把信往下看，看我所说的是否和你有共同点。

我觉得，作为一名警校大学生，应该着重从以下几个方面加强个人
品德修养：

第一，诚实守信。诚信是道德之本，是为人处事之本，是一个人思
想道德素质最外在的表现，是每个人立足社会不可缺少的无形资本。《荀
子》说"君子养心莫善于诚"，意思是，君子陶冶情操、修身养性，没
有比诚实更重要的了。显然，诚实是做人的原则、修养的标准。正所谓
"自谋不诚则欺心而弃己，与人不诚则丧德而增怨"，于人于己，都要讲
究一个"诚"。古人道："君子一言，驷马难追；言必信、行必果。"

我记得有个新闻曾经报道过一则消息，说的是中国科学院大学人文
学院副教授苏湛，在他授课的科幻文学与影视创作系列讲座课中，他给
了 22 名学生课程成绩打了零分，原因是这 22 人的期末文章被判定为抄
袭。苏老师发现，其中一些学生甚至是整篇整篇、大段大段地抄，甚至
抄凡尔纳这种名家的作品；有的就是改个主人公的名字，或者东抄一段、
西抄一段。他指出，抄袭这么严重，可以用"无耻"二字形容，甚至整
篇文章一个字不改，就敢这么堂而皇之贴上了，而且抄袭的是名家已经
出版的作品，这种行为尤其恶劣。为此他特意写了一份公告，明确表示
"抄袭剽窃、沐猴而冠之丑行，诸恶之首，天下所共诛，必不容也"。若
水，对于苏老师的做法你和我一样都是赞同的吧？深究此等"不耻窃文"
行径成为舆论焦点的最根本原因，是国人对于抄袭剽窃者的无耻行径的

厌恶，更是对部分知识分子失去学术道德底线和自律人格的唾弃。

此外，一些大学生在诚信方面还存在不少问题。2015 年对全国 33 所高校的近 5 万名学生的一个调查报告显示：在使用过贷款的大学生中，四成大学生曾逾期还款；使用信用卡的大学生中，有 2% 的人经常不按时还款；近六成大学生缺乏信用知识，大学生整体信用状况不容乐观。

还有另外一个调查显示，大学生择业过程中，在可接受的毁约成本下，95% 的学生会在遇到更好单位的情况下选择毁约。现实中，这种违约学生的不诚信行为严重影响用人单位用人计划的完成，也给学校毕业生的整体信誉及今后的就业工作带来不小的负面影响。

事实证明，诸如以上这些不讲诚信的行为，不仅仅是违背了诚实守信的道德准则，更是对自身的完善与发展带来不利的影响。若水，你一定听说过曾经引发舆论强烈关注的翟天临学术不端事件吧？2019 年初北京电影学院博士研究生、演员翟天临遭"学术打假"，其博士学历被质疑，被疑整段抄袭他人学术性质的论文。此事随即引发社会热议。没多久北京电影学院通报了翟天临事件处理结果：撤销翟天临博士学位。如此不顾廉耻的学术抄袭现象，让翟博士的学霸人设坍塌，更让他在遭受包括《人民日报》等主流媒体的舆论谴责后，风光不再。一时销声匿迹的翟天临在事件过去半年后被发现有复出迹象，可网友们对此似乎并不买账，对他的评价大部分依旧是负面的，因此他想要再复出还是比较难的。真是"一失足成千古恨"啊！

若水，我希望你在大学生活乃至一生中都应谨记：做事先做人，做人必诚信。不断加强诚信自律意识，严格要求和约束自身的行为，树立正确的诚信观和养成良好的诚信品质，做到言必信，行必果。有了诚信，人与人的交往才能是舒畅的，一个讲诚信的人，面容上有自尊，目光里有自信，行动时有尺度，生活中受尊重和欢迎，竞争中往往能立于不败之地。

第二，廉洁自律。古有公正无私的包青天、两袖清风的于谦，今有勤俭自律的周恩来、清廉奉献的孔繁森。他们是世代传颂的廉洁清正、克己自律的典范。廉洁就是有操守，不贪赃枉法，不以权谋私，不见钱眼开，就是洁身自好、守身如玉、独善其身。自律就是自我约束、自我管理，有较强的自制力，能抵御诱惑。廉洁自律是中华民族优秀传统文化的重要组成部分，也是个人自身品德修养的重要内容。

中华民族历史上，有许多仁人志士都非常注重并自觉培养自己的廉洁自律精神——提倡"为仁由己""君子求诸己""君子博学而日参省乎己，则知名而行无过矣"，这些观点表达的都是同一个意思，就是想成为一个仁德之人，必定要廉洁自律，约束好自己，不断检视自己的言行，做到人格自立和生活独立，才可不断完善自己、进而达到"随心所欲不逾矩"的道德境界。正如习近平总书记所言："一个人能否廉洁自律，最大的诱惑是自己，最难战胜的敌人也是自己。"

当前，我国进入新发展阶段，实现中华民族伟大复兴的历史重任落在新一代年轻人身上，同时国家反腐斗争力度之大、范围之广前所未有。在这种背景下，培养大学生廉洁自律修养具有特殊的意义。大学生是未来党和国家事业的中坚力量和后备军，其廉洁自律品质的塑造不仅关系着个人的成长成才，更关系着未来国家的政治生态建设和社会的健康稳定发展。

若水，你听说过这样一位优秀法官的事迹吗？他被称为中国法治的"燃灯者""时代楷模""全国模范法官"，在他因公殉职后，习近平总书记作出重要批示称赞他是"新时期公正为民的好法官，敢于担当的好干部"。他还被不计其数的人们赞颂与怀念。他，就是原上海市高级人民法院副院长邹碧华。"一定要做一名有良知的法官"是邹碧华一生的座右铭。做有良心的法官，一定要时刻自律，抵住诱惑。邹碧华同志曾说："有的案件会有利益的诱惑，这时良心意味着自律。"他曾经参与审理过社保基金追索案、房屋维修基金案等一系列大案要案，能依法公正审理每一起案件，始终严于律己、坚持原则、公私分明、清正廉洁，对家属子女要求严格，保持了一名共产党员和人民法官的本色。警校生一定要以邹碧华为学习榜样，像他一样具有清正廉洁、崇法尚德的道德情操，守纪律讲规矩，约束自己的言行。

若水，警校是培养预备警官的重要基地，而养成廉洁意识、自律意识、规矩意识和正确的公共权力观，牢固树立不贪不腐、刚正不阿的价值理念；根植权为民所赋、权为民所用、有权必有责、用权受监督、违法必追责的公共权力理念；高度警惕失衡心理、攀比心理、侥幸心理等使人做出不廉洁行为的心理生成机制，自觉抵制拜金主义、享乐主义等不良思想的影响，自觉监督举报腐败行为，做廉洁自律精神的践行者。

第三，乐于奉献。乐于奉献，是中华民族的传统美德，是个人或团体在不图任何报酬的前提下，贡献自己的时间、精力及才智，积极自愿地帮助他人、服务社会、推动国家发展进步的精神。自古以来，中国的贤人志士就有"为天地立心，为生民立命，为往圣继绝学，为万世开太平""天下兴亡，匹夫有责"的志向和传统。一个具有奉献精神的人，才能将爱人助人、服务他人、奉献社会作为自己长远的志向；才能防止狭隘的个人主义、功利主义、实用主义的出现，才能更好地引领社会良好的道德风气；才能不断认识自我、改造自我、发展自我、使自身日趋完善，实现全面发展。

提及"助人"与"奉献"两个词语，很容易联想到雷锋精神。雷锋精神体现着高尚的人生观、价值观和道德观，同时更是一种实践精神，是在社会服务实践过程中体现出的一种精神品质。今天，雷锋精神依旧深入广大青年大学生的内心，助人为乐、乐于奉献的精神依然在当代闪光。

你听过贾尚霖的事迹吗？贾尚霖从部队退役后在广东高校就读。他在2020年年初的寒冬里，联手民警不畏严寒跳江救人，最终落水女子被顺利救上了岸。事后，获救女子家属通过警方多次联系贾尚霖想赠送现金以表感谢，但均被贾尚霖谢绝了。贾尚霖认为，救人不是为了要得到任何回报，在别人身处危难之际，就应该尽自己所能去帮助别人。此外，新冠疫情肆虐期间，贾尚霖还主动请缨报名参加志愿服务，每日站岗好几个小时，为守护街坊邻里的健康安全默默奉献着。在他看来，有大国才有小家，作为新时代青年，应该为抗疫贡献一份自己的力量。贾尚霖用自己的实际行动诠释了当代青年的使命和担当，从他的身上，我们看见了他乐于助人、奉献他人与社会的高尚情操和道德追求。

若水，大学生要做到助人与奉献，不一定就得干大事、做大贡献，也不能超出自己的能力范围去蛮干傻干。正如《孤勇者》一歌的歌词所言："谁说站在光里的才算英雄""谁说对弈平凡的不算英雄"。那些助人为乐的平凡的英雄比比皆是。只要立足实际，立足当下，从点滴做起，全心全意、尽心尽力，在平凡的小事中，也可以微薄的力量，为祖国和人民做出贡献。比如，为忙于完成学校任务的学生干部同学打饭、上课前主动擦干净黑板和讲台、假期里为社区居民、村民义务普法以及到偏僻的山村小学去义务支教等这些好事，都属于力所能及的助人与奉献。

第四，文明礼貌。文明礼貌是人类为维系社会正常生活交往而要求人们共同遵守的一种道德准则和行为规范。《论语》有云："不学礼，无以立。"对一个人来说，礼仪礼貌是一个人的思想道德水平、文化修养、交际能力的外在表现。中国一直被誉为文明古国、礼仪之邦，崇尚以礼相待、礼尚往来、礼法并举。讲"礼"、懂"仪"是中华民族世代相传的优良传统。《礼记·冠义》中的"凡人之所以为人，礼义也"说明，古人把是否"有礼"作为人与禽兽的区别，这与当代人在恼怒时将无礼的人比喻成"禽兽"是何等类似！礼仪是良好品德修养的表现形式，一个人品德高尚，自然会表现出谦虚礼让、彬彬有礼。

倡导礼仪礼貌，在一定程度上促使人们自觉遵守社会规则，不去违反法律，有利于社会秩序的安定团结，有利于法治精神的养成。在当代，崇尚礼仪礼貌是社会对所有公民的基本公德要求，更是社会对大学生的品德修养要求。大学生不仅应当具备专业知识，还应具备良好的品德修养和礼仪修养。

校园生活文明礼貌的基本素养是：依规着装，仪容端庄，举止文雅；说话和气，待人有礼，不亢不卑；尊敬师长，团结同学，关心集体；遵纪守规，诚实守信，乐于助人；内务整洁，讲究卫生，勤俭节约；文明交往，宽容礼让，举止得体。

若水，我们学校的同学大都能够按照大学管理的规定，规范自己的言行举止，讲究礼貌礼仪。不过，也有个有别同学上课前不调整手机铃声，结果上课途中突然铃声大作；在宿舍楼下、教室地板、教室课桌抽屉里，乱丢塑料袋、纸屑、空饮料盒等垃圾；最后离开教室和宿舍时不随手关灯关空调；晚上宿舍楼熄灯后不顾及其他同学而大声打电话、聊天。校园里出现的这些不文明现象，看似小事，但这体现着一个人的文明修养，影响个人的整体形象。所以，讲礼貌礼仪就要从这些小事做起，规范自己的言行举止。

此外我还想强调的是，随着网络信息化时代的到来，互联网成为大学生学习知识、获取信息、交流思想的重要平台。遵守网络礼仪礼貌、文明上网，已然成为当代大学生应具备的道德素质及要求。因此，应养成良好上网习惯，不信谣、不传谣，不发布、不转发未经证实的有可能会给社会或他人造成伤害的信息；文明上网、文明发言，自觉抵制网络低俗之风，积极树立文明新风，争做文明网民。总之，希望同学们在现实生活和虚拟世界里，都能知礼懂礼守礼，做一个知书达理、彬彬有礼的青年人。

第五，感恩宽容。 若水，你是否听说过"You 滴答滴答 me，I 哗啦哗啦 you！"这句话？2020 年初我国发生新冠疫情后，许多国家和国际组织给予了我们无私的援助。比如日本的政府及一些企业主动向中方捐赠口罩、护目镜、防护服等防疫物资。一些捐赠给武汉的物资包装箱上写着"山川异域，风月同天""岂曰无衣，与子同裳"，给中国支持打气。对于来自全世界各地的暖心援助，国务院外交部发言人说我们中国人"衷心感谢，铭记在心"。之后不久，在全球战疫的艰难时刻，中国在做好自身防控的同时，也向世界伸出援手，不仅主动与世界各国分享自己的抗疫经验，也积极为各国提供医疗援助，尤其是对曾经帮助过我们的国家与地区给予援助。比如，曾经接受过日本援助的江苏无锡新吴区进行十倍反向捐赠，不忘感恩。2020年3月人民日报以《You滴答滴答me，I哗啦哗啦you！》为标题，发表了一篇中国援助他国的相关报道。这一切充分体现了我国人民普遍推崇的"滴水之恩，定当涌泉相报"的优良传统。

感恩是中华民族的传统美德，中国的感恩文化源远流长。中国文化自古就格外看重"恩情"，施恩、报恩，是中国历来推崇的普世价值。因而，像"滴水之恩当涌泉相报""知恩图报，善莫大焉""羊有跪乳之恩，鸦有反哺之义""父恩比天高，母恩比海深"这样的词句才得以广为流传并深入人心。其中，报父母养育之恩是"孝"；报知遇之恩是"忠"；报朋友之恩是"义"。甚至是夫妻也彼此有恩情，即"一日夫妻百日恩"。明末清初的教育家朱柏庐在《治家格言》中说："一粥一饭，当思来处不易；半丝半缕，恒念物力维艰。"提醒我们懂得感恩先辈的努力、感恩大自然的恩赐、感恩劳动者的付出。"慈母手中线，游子身上衣"提醒我们铭记父母的养育之恩，万万不可"娶了媳妇忘了娘"；"春蚕到死丝方尽，蜡炬成灰泪始干""一日为师，终身为父"提醒我们勿忘感激老师们的奉献；"知恩图报"提醒我们回报那些帮助过我们的亲朋好友甚至是陌生人，切切不可"过河拆桥"甚至是毫无人性地"恩将仇报"！只有懂得感恩的人才会懂得付出，有了感恩之心，才会觉得自己有责任去回报祖国、回报社会，对自己所做的事负责；才会觉得自己有责任去珍惜自然、爱护自然和保护自然。

感恩意识是人们在家庭和社会生活中不可或缺的道德修养和精神文化指引。不懂感恩，就失去了爱的感情基础，也会失去立业之基石。若水，你听说过一代伟人毛泽东连续10年用自己的稿费去偿还公债的故事吗？事情起因是为了筹备中国共产党的成立、湖南革命运动及部分同志去欧洲勤工俭学，急需一笔数量较大的钱款，当时毛泽东向老乡章士钊告急。章士钊当即在上海工商界名流中筹集了2万银元并把之全部交给了毛泽东。对此毛泽东一直记在心里。从1963年春节起，毛泽东每逢春节正月初二这天，总是派人给章士钊送去2000元，并称之为"还债"，直到送满 2 万元。之后，毛泽东说开始还利息，又从他的稿费中支取 2000 元送给章士钊……这件事，让我们从中领略了毛主席的无私品质，让我们从中感受到了老一辈共产党人对人民的感恩情怀，更是为广大党员干部和青年学生树立了不忘本、懂感恩的榜样。

对于当代大学生而言，感恩仍旧是人生的必修课。我们要培养自己对党、对祖国、对社会、对大自然、对父母和他人的感恩之情。永怀感恩之心，常表感激之情，养成知恩、感恩、报恩、施恩的良好感恩意识和感恩习惯。这样才能充分认识到自己对于父母和家庭、社会与国家所应担负的责任和使命。

除了感恩，大学生还要努力养成宽容这种崇高的美德。严于律己、宽以待人是中华民族的传统美德，不仅被历代知识分子当作人生的基本准则和信仰，也被普罗大众奉为为人处世的信念和守则。思想家、教育家孔子一生提倡忠恕之道，其核心就是要宽以待人，还明确提出了"己所不欲，勿施于人"这个著名的命题，此即"恕道"，就是人们常说的将心比心，推己及人。具有宽恕之德，为人处事就会心态宽容，心胸宽广。

在现代社会，宽容已经成为人们共同认可和追求的价值观念，是人际交往应该坚持的基本原则。懂得尊重和理解别人，能够原谅和不计较他人的缺点与过错，能够包容令自己不快的见解、观念、风俗、言行等，能够不嫉妒和不诋毁他人取得的成就和功绩，能尊重他人的选择，这就是具有宽容精神的表现。但是，若水，你肯定也看到在你的同学中，也有些同学自我中心意识强烈，做人做事习惯从自我出发，不顾及他人的感受；对同学、室友感情较为淡漠，缺少宽容、体谅、互助互爱的品德素养。这些行为就是感恩意识、宽容意识缺失的体现，容易造成大学生人际关系不和谐。

宽容是一种崇高的美德，也是一种豁达和超脱的生活方式。常言道："人非圣贤，孰能无过。"在日常生活中每个人都会有出现失误的时候。学会换位思考，设身处地考虑问题，接受他人的缺点与不足，客观地看待他人无心的冒犯，在不违背道德与法律原则的前提下，真诚包容他人的过错，勿以怨报怨，勿伤害他人的自尊心，这就是宽容的表现。研究幸福问题的美国作家格雷格·伊斯特布鲁克在《进步的悖论》一书中指出，富裕和生活质量的提高并不会必然使人对生活更满意。他认为摆脱困境的出路不在财富，在于精神，那些心怀感激、宽容大度和乐观的人对生活的满意程度大大超过旁人。其实，在日常的人际交往中做到宽容，不仅可以减少冲突与分歧，还可营造和谐的人际关系，赢得他人的信任与尊重，获得他人的尊敬及帮助，形成良好的人际关系局面。当我们能大度地原谅别人时，自己也能在这种释然的轻松中感到无比的快乐。宽容能融化人与人之间的冰霜，能驱散彼此之间心头的忧愁和烦恼。宽容在减轻对方的痛苦时，也在升华中善待了自己。当然，必须强调的是，宽容不等于没有原则的包容。大学生对他人的包容不应该违背宽容的底线，不然就无异于纵容犯罪。

若水，当代大学生应该着重培养的品德修养，当然不止上面我所提到的这几个方面。限于时间关系，我就和你重点探讨这几个方面。当今时代，社会竞争日益激烈，人人需要赢得信任、获得机会，品行好的人自然更是受欢迎。正如英国作家布尔沃·利顿所说，如果说美貌是推荐信，那么善良就是信用卡。大学生应自觉养成守规律己、择善而从的良好行为习惯，存善心，讲善言，做善事，形成自觉自愿行动的崇德向善的动力。若水，我期望你和同学们在大学期间乃至今后的一生里，能自觉养成良好的品德修养。

　　此致
安好!

老师：陈佩华

十一月十五日

第三封信　大学生如何修德？

若水：

你好！

你的来信已收到。你在信中说，你写下的对大学生描述的褒义词，和我提到的有很多是一样或近似的。你还提出了大学生也应具备"谦虚""谨慎""节约"等品德修养，我表示赞同。你还承诺，会在大学期间自觉地加强和提升自己的品德修养，努力塑造自己成为君子型的人。信中你也问我，对于在读大学生而言，有哪些品德修养的方法？在此，我与你分享我的一些相关心得体会，供你参考。

第一，慎独内省的方法。慎独是指当一个人独处、无人监督时，也要注意自己的内心和行为，自觉地按照道德的要求来规范自己的思想和行动，防止自己有违反道德甚至是违反法律的欲念和行为发生。慎独，既是一种表明人道德自觉的理想境界，是道德评判的重要标准，更是一种品德修养的方法。纵观历史，凡贤人志士莫不深知此理。曾国藩告诫子孙说："慎独则心安。"刘少奇同志在《论共产党员的修养》中也指出，对于认真进行道德修养的共产党员来说，"即使在他个人独立工作、无人监督、有做各种坏事的可能的时候，他能够'慎独'，不做任何坏事。"

做到慎独，离不开内省。"内省"即内在自我反省，指自觉地进行自我约束，时刻反省检查自己的言行。孔子曾说："见贤思齐焉，见不贤而内自省也。"并要求君子能"日三省吾身""内省不疚"，即君子要经常自我反省、自我批评。大千世界,诱惑不少,要做到慎独,不使人生之船偏离正确的航道,就需时时自省,不断加强修炼个人的品德修养。

"慎独内省"法作为一种品德修养的重要方法,倡导的是要严以律己,强调道德自律和自觉,主张在"隐"和"微"这两处狠下功夫。"慎独内省"作为自我道德修养的重要方法,主要是通过自我修养、反躬自省、自我纠错,让个人的行为举止符合道德规范的要求和标准。"慎独内省"这种传统修身方法不仅有效可行,对当今大学生进一步实现自我的超越同样具有积极的意义。

陇南师范高等专科学校大学生刘小强,在骑自行车返校途中,不小心剐蹭了一辆轿车,他不但没有离去,而是在等待半个多小时仍未见车主出现的情况下,主动写了说明情况的纸条,向车主表示歉意,并留下了联系方式。刘小强的诚实感动了车主李先生,1000多元的修车费,李先生只收了200元,但刘小强坚决不同意,最终赔付了900元。此事经多家媒体报道后,引起广大网民高度关注和点赞,刘小强一时成了网络红人。可见,刘小强的此番举止,正是慎独的表现,也充分体现了他具有勇于承担责任、诚信做人的高尚品德。

在当前的新媒体时代,互联网已经成为大学生重要的信息来源,大学生的网络生活更需要"慎独"。在看不见的纷繁复杂的网络世界里,如果没有"慎独"的品德修养,在缺乏有效的监督和规范的情况下,有些大学生很容易放松对自己的要求,从而做出各种不文明的行为。

我曾经看到一个新闻,说的是有人在网上发布了一条"校外人员占用大学校园军训,还频繁骚扰偷窥女大学生"的消息。公安机关对此作了细致调查后,最终查明这是虚假信息,两名在读大学生为该信息的发布者。最终警方对这两名在读大学生分别处以行政拘留5日、7日的处罚。这两名大学生不遵守网络道德规范,以为网络世界可以随心所欲,为了自己的私欲而发布虚假信息,最后为此不当行为付出了不小的代价!因此,大学生在网络世界里也要慎独内省,遵守网络规范,上网时要做到自省、自爱、自制,自觉抵制低俗、反动、伪科学等网络信息。常常反省自身的网络行为举止，提高自我控制和管理的能力，有意识地养成良好的自律能力，理性对待、仔细甄别、谨慎评论、明辨是非。

第二，推己及人的方法。在中国传统道德思想中，推己及人是重要的品德修养方法。"推己及人"是指从自己出发，拿自己和别人作比较，将心比心，设身处地地为别人着想，并且反省自己，对自己的言行作出道德评价。经过进一步的道德修养锤炼，提高个人的道德境界。孔子认为，有"仁"德的即品德高尚的人对别人都有一颗爱心，能将心比心，把别人当作自己一样看待。

在今天，推己及人有助于使大学生以积极的主体性姿态去净化内心，提升品德修养，将社会道德观念与规范内化于心、外化于行，在实践中践行修身，把内心的仁德善念具体化为实际行动，应用于现实社会和虚拟世界，同时，将"推己及人"之"仁"传播给其他的人。

若水，你还记得你刚入学第一天的场景吗？大二大三的师兄师姐们热情地接待新生，还帮忙提行李，积极做向导，耐心地回答你们的各种疑问，是不是感觉特别温馨啊？其实这些大二大三的"老生"，都会忘不了自己初来乍到新学校时的那种想家思亲的、茫然的甚至慌乱的心理，所以他们能够推己及人地对待你们，给初来乍到的你们以贴心的关怀和安慰。也希望你们这一届同学能够同样推己及人，学习师兄师姐，未来也能够尽心地接待师弟师妹入学，主动帮助他们尽快度过新生适应期。

第三，敏行践履的方法。敏行践履就是进行道德实践，提升品德修养。品德修养不能停留在口头上，不能言行脱节，而应该落实到行动中，多实践，少空谈，不能做到的事就不要夸夸其谈。孔子认为，"君子耻其言而过其行""敏于行"，在君子看来，言过其行是一种莫大的耻辱。宋代心学代表人物陆九渊也主张品德修养活动重在"常践道"。实践证明，没有切实的道德践履的检验，道德认识往往是肤浅的、脆弱的。

习近平总书记在北京大学师生座谈会上明确指出："道不可坐论，德不能空谈。于实处用力，从知行合一上下功夫，核心价值观才能内化为人们的精神追求，外化为人们的自觉行动。"在 2020 年 3 月，习近平在给北京大学援鄂医疗队青年党员回信中，赞扬他们在我国遭受新冠疫情肆虐时挺身而出，担当奉献，展现了当代中国青年的精神风貌。面对国家和人民的艰难时刻，北大医学的党员不惧风雨，勇挑重担，牢记初心使命，践行责任担当，将所学回报社会、回报人民，以实际行动践行深厚的爱国情怀和崇高的品德修养，让青春在党和人民需要的地方绽放。若水，你看，这些北大医学人做到了敏行践履。

　　大学生应该从平凡做起，从身边做起，通过实际行动来提升个人的品德修养。2018 年荣登"中国好人榜"的江海英，出生于广东韶关一个农村贫困家庭。她未成年就经历了父亲去世母亲瘫痪且精神异常等诸多家庭变故。对此她没有退缩，用稚嫩的肩膀承担着扛起了家庭重担。她带着妈妈一起"上学"，一边学习一边照顾行动不便的母亲。因精神异常的母亲影响邻居生活，她得经常向邻居和房东道歉赔不是，有时会被房东赶走，得另寻出租屋……曾经有人问她："一边上学一边照顾母亲，不累吗？"她回答说："累啊，但母亲生我养我，给了我生命，我不可能放弃她。"日子这样艰难，照顾母亲花费了大量的时间和精力，但是再苦再累，江海英从没有抛弃母亲，也没有放弃学习。高中毕业后的江海英顺利考上了大学。孝老爱亲的江海英身体力行，恪守孝道，用实际行动践履自己的"仁德"，凭着自己顽强、坚韧的品德意志受到了众人的称赞。

　　若水，2021 年 7 月一段视频不知你看过没有。视频中一年轻男子挺身而出在公交车上制服小偷，此视频很快引发网民热议。原来，中国人民公安大学 2019 级学生程昕，在湖北黄冈市 9 路公交车上发现小偷行窃后欲逃跑，将小偷死死按住。等待民警到场期间，面对气焰嚣张的扒窃嫌疑人的反抗和威胁，程昕临危不惧、见义勇为，敢于斗争、善于斗争，霸气回应："我是警察，不怕你记。"他积极配合警方将嫌疑人成功控制，有效保护了人民群众的生命财产安全。程昕时刻将人民警察的信仰与担当放在心里，学以致用，用实际行动践行了警校学子的使命担当，充分彰显了大学生的良好精神风貌，是我们大学生敏行践履的最佳典范。

　　总之，大学生要自觉地积极地进行品德修养，应积极践行社会主义核心价值观，在学习中自觉增加对品德修养的认知，从而形成科学的道德观念；做到知行合一，努力践行"日行一善""不以善小而不为"，积极投身社会实践，深入社会进行考察调研，积极参与志愿者活动，在实践中寻找一种实现自我理想及提升自我修养的方法，将品德修养理念内化于心；在生活中，以诚相待，以礼相待，与人和谐友好相处，不断提升个人品德修养素质，做一名品德高尚、修养良好、人格圣洁的合格大学生。

即致
学习进步！

陈佩华 宇
十一月二十日

参考文献

[1]《火种计划——全国大学生信用认知调研报告》，中国人民大学财政金融学院，2015年9月。

[2] 蔡赛男、黄琳舒："大学毕业生入职前毁约现象探析——以广东金融学院为例"，载《征信》2017年第2期。

[3] "22名学生抄袭国科大老师给0分，校教务部：坚定支持"，载人民日报，2018年9月15日。

[4] 陈新征："毛泽东'还钱'"，载《党史文汇》2020年第9期。

[5] "不慎剐蹭小轿车主动留言要赔偿，诚信大学生刘小强成为网络红人"，载兰州新闻网，2019年3月。

[6] "因微博上散发虚假信息，西安两大学生被行政拘留"，载陕西新闻网新闻，2018年3月23日。

[7] "中国好人榜"江海英，载中国文明网，http：//www.wenming.cn/sbhr_pd/zghrb/xlaq/201801/t20180125_4572378.shtml.

后　记

著名的德国哲学家卡尔·西奥多·雅斯贝尔斯（Karl Theodor Jaspers）在《什么是教育》中明确指出："所谓教育，不过是人对人的主体间灵肉交流活动（尤其是老一代对年轻一代），包括知识内容的传授、生命内涵的领悟、意志行为的规范，并通过文化传递功能，将文化遗产教给年轻一代，让他们自由地生成，并启迪其自由天性。……教育的过程是让受教育者在实践中自我练习、自我学习和成长，而实践的特性是自由游戏和不断尝试。"本书的编写宗旨，就是为了引导大学生们在进入大学以后能更好地在实践中自我练习、自我学习和成长。

本书的编写历经四年，几易其稿，最后确定采用书信式体裁。内容主要针对大学新生面临的迷惘和困惑，梳理了大学生在成才成长道路上普遍遇到的十大问题，并提供了具体的指导和建议。本书努力贴合当下青年大学生的特征和心态，为青年学子呈现符合其大学阶段性发展需求特点的教育场景，以期帮助大学生解决思想困惑，积极地适应人生新阶段新环境，拥有一个丰富多彩的大学生活，并为将来走出校门进入社会打好基础。

2021年7月1日，在庆祝中国共产党成立100周年大会上，习近平总书记寄语广大青年："新时代的中国青年要以实现中华民族伟大复兴为己任，增强做中国人的志气、骨气、底气，不负时代，不负韶华，不负党和人民的殷切期望！"期待青年大学生能从本书里得到启迪，汲取智慧，厚植做中国人的志气、骨气、底气，在时代潮头中绽放青春光彩。

本书由广东司法警官职业学院思想政治理论课教学部的教师编写，刘洁主编，陈佩华副主编。各部分的执笔人分别是：

第一辑 如何适应大学生活——陈佩华

第二辑 谈谈大学生的未来发展规划——王吉梅

第三辑 谈谈警务化管理——谢锋

第四辑 大学生如何处理好人际关系——陈昊

第五辑 谈谈大学校园里的爱情——刘洁

第六辑 做一名阳光快乐的大学生——李运兰

第七辑 大学生要有怎样的财富观——袁国玲

第八辑 大学生如何安排好课余生活——聂杜娟

第九辑 好警察是怎样炼成的——叶穗冰

第十辑 谈谈大学生的品德修养——陈佩华

能力有限，书中纰漏难免，敬请批评指正！

编者

2024 年 3 月